Découvrez des Jeux Gratuits en Ligne

Disponible Ici :

BestActivityBooks.com/FREEGAMES

5 ASTUCES POUR DÉMARRER !

1) COMMENT RÉSOUDRE LES MOTS MÊLÉS

Les puzzles sont dans un format classique :

- Les mots sont cachés sans espaces, tirets, ...
- Orientation : Les mots peuvent être écrits en avant, en arrière, vers le haut, vers le bas ou en diagonale (ils peuvent être inversés).
- Les mots peuvent se chevaucher ou se croiser.

2) UN APPRENTISSAGE ACTIF

Un espace est prévu à côté de chaque mots pour noter la traduction. Pour favoriser un apprentissage actif un **DICTIONNAIRE** à la fin de cette édition vous permettra de vérifier et étendre vos connaissances. Cherchez et notez les traductions, trouvez-les dans le Puzzle et ajoutez-les à votre vocabulaire !

3) MARQUEZ LES MOTS

Vous pouvez inventer votre propre système de marquage. Peut-être en utilisez-vous déjà un ? Sinon, vous pourriez, par exemple, marquer les mots qui ont été difficiles à trouver d'une croix, ceux que vous avez aimés d'une étoile, les mots nouveaux d'un triangle, les mots rares d'un diamant, etc...

4) STRUCTUREZ VOTRE APPRENTISSAGE

Cette édition vous offre un **CARNET DE NOTES** très pratique à la fin du livre. En vacances ou en voyage ou à la maison, vous pouvez facilement organiser vos nouvelles connaissances sans avoir besoin d'un second bloc-notes !

5) VOUS AVEZ FINI TOUTES LES GRILLES ?

Allez à la section bonus **CHALLENGE FINAL** pour trouver un jeu gratuit à la fin de cette édition !

Simple et Rapide ! Découvrez notre collection de livres d'activités pour votre prochain moment de détente et **d'apprentissage**, à juste un clic de distance !

Trouvez votre prochain défi sur :

BestActivityBooks.com/MonProchainLivre

À vos marques, prêts... Partez !

Saviez-vous qu'il existe environ 7 000 langues différentes dans le monde ? Les mots sont précieux.

Nous aimons les langues et avons travaillé dur pour créer les livres de la plus haute qualité pour vous. Nos ingrédients ?

Une sélection des thématiques d'apprentissage adaptée, trois belles parts de divertissement, puis nous ajoutons une cuillère de mots difficiles et une pincée de mots rares. Nous les servons avec soin et un maximum de plaisir pour vous permettre de résoudre les meilleurs jeux de mots mêlés qui soient et d'apprendre en vous amusant !

Votre avis est essentiel. Vous pouvez participer activement au succès de ce livre en nous laissant un commentaire. Nous aimerions vraiment savoir ce que vous avez préféré dans cette édition !

Voici un lien rapide qui vous mènera à la page d'évaluation de vos commandes :

BestBooksActivity.com/Avis50

Merci pour votre aide et amusez-vous bien !

1 - Été

```
K E M P O V Á N Í B Z F L P
A R R Z R N J B K I A C T Ř
I G O R V M S R P C H M E Á
V I D U P Z U R L I R Y S T
G K I S L R E L A X A C E E
S A N D Á L Y F V Z D O L L
D R A O Ž P X Z A E A J W É
G H S R A D O S T W L Í A D
R M K B M G P T F H U D B A
D O V O L E N Á Á D Y L N S
L Ř H H A H R Y Z P W O Z G
C E S T O V A T H V Ě Z D Y
V O L N Ý Č A S D Z A N V O
K N I H Y L X V X A O R Í B
```

PŘÁTELÉ   HUDBA
KEMPOVÁNÍ   PLAVAT
HVĚZDY   JÍDLO
RODINA   PLÁŽ
ZAHRADA   POTÁPĚNÍ
HRY   RELAXACE
RADOST   SANDÁLY
KNIHY   DOVOLENÁ
VOLNÝ ČAS   CESTOVAT
MOŘE

2 - Adjectifs #2

```
P  B  S  L  A  N  Ý  J  P  I  J  A  S  F
O  D  I  V  O  K  Ý  N  Ř  I  D  S  V  I
P  A  L  O  A  Z  A  J  Í  M  A  V  Ý  N
I  S  N  T  U  U  O  H  R  D  Ý  O  R  B
S  L  Ý  S  V  Y  T  C  O  Y  G  S  O  X
N  A  A  U  W  O  L  E  D  V  W  P  B  P
Ý  V  X  C  Č  Ř  O  N  A  D  A  N  Ý
G  N  X  H  T  I  D  I  Í  T  U  L  Í  F
L  Ý  I  Ý  T  S  I  X  V  N  I  Ý  M  N
D  R  A  M  A  T  I  C  K  Ý  O  C  X  Z
M  I  R  H  N  Ý  A  D  A  U  G  V  K  I
Z  D  R  A  V  Ý  G  C  P  X  T  E  Ý  Ý
O  D  P  O  V  Ě  D  N  Ý  I  I  P  T  E
E  L  E  G  A  N  T  N  Í  B  A  R  T  S
```

AUTENTICKÝ	PŘÍRODNÍ
SLAVNÝ	NOVÝ
TVOŘIVÝ	VÝROBNÍ
POPISNÝ	ČISTÝ
NADANÝ	ODPOVĚDNÝ
DRAMATICKÝ	ZDRAVÝ
ELEGANTNÍ	SLANÝ
HRDÝ	DIVOKÝ
SILNÝ	SUCHÝ
ZAJÍMAVÝ	OSPALÝ

3 - Exploration

```
V  Y  Č  E  R  P  Á  N  Í  D  N  Y  R  K
A  K  T  I  V  I  T  A  E  I  D  G  V  U
E  C  E  S  T  O  V  A  T  V  Y  U  N  L
U  R  Č  E  N  Í  Z  L  N  O  R  Y  P  T
O  D  V  A  H  A  D  N  E  K  B  I  X  U
N  X  P  X  S  A  Á  E  B  Ý  V  J  N  R
K  O  U  J  Z  F  L  B  E  B  Z  A  E  Y
G  J  V  G  V  H  E  E  Z  X  R  Z  Z  V
T  I  R  Ý  Í  Y  N  Z  P  M  U  Y  N  K
G  G  D  C  Ř  S  Ý  P  E  P  Š  K  Á  F
J  G  H  U  A  R  E  E  Č  S  E  D  M  Z
P  R  O  S  T  O  R  Č  Í  P  N  N  Ý  C
B  R  G  E  A  P  N  N  Z  I  Í  R  R  M
H  L  E  D  Á  N  Í  Ý  T  E  R  É  N  V
```

AKTIVITA
ZVÍŘATA
ODVAHA
KULTURY
NEBEZPEČÍ
OBJEV
URČENÍ
PROSTOR
VZRUŠENÍ
VYČERPÁNÍ

NEZNÁMÝ
JAZYK
VZDÁLENÝ
NOVÝ
NEBEZPEČNÝ
HLEDÁNÍ
DIVOKÝ
TERÉN
CESTOVAT

4 - Formes

```
O  K  K  V  E  Z  P  V  X  V  T  O  Y  T
K  R  Y  C  H  L  E  B  G  O  Á  B  J  T
O  U  C  C  R  A  I  N  Y  V  J  L  V  P
U  H  H  N  A  F  Y  P  O  Á  T  O  E  H
L  Ř  R  O  N  B  W  Z  S  L  D  U  H  C
E  Á  A  D  Y  X  Y  B  V  A  E  K  Y  X
Z  D  N  P  O  L  Y  G  O  N  R  K  P  P
O  E  O  U  S  X  Z  D  B  Z  O  U  E  Y
R  K  L  E  W  T  I  Z  D  R  H  Ž  R  R
D  K  K  H  M  I  R  W  É  K  M  E  B  A
N  Á  M  Ě  S  T  Í  A  L  U  W  L  O  M
T  R  O  J  Ú  H  E  L  N  Í  K  T  L  I
X  I  T  I  W  F  J  V  Í  A  B  T  A  D
G  C  R  E  J  H  Z  S  K  Ř  I  V  K  A
```

OBLOUK	ELIPSA
HRANY	HYPERBOLA
NÁMĚSTÍ	ŘÁDEK
KRUH	OVÁL
ROH	POLYGON
KŘIVKA	HRANOL
KUŽEL	PYRAMIDA
STRANA	OBDÉLNÍK
KRYCHLE	KOULE
VÁLEC	TROJÚHELNÍK

5 - Salle de Bains

```
S  S  P  I  I  M  Š  J  H  V  B  D  R  U
D  P  E  J  R  Ý  A  N  E  Z  E  A  A  P
R  C  R  W  M  D  M  H  X  C  X  L  U  F
V  K  K  C  P  L  P  O  O  S  A  L  S  M
K  O  O  P  H  O  O  U  M  S  R  J  E  L
O  B  H  A  T  A  N  B  U  B  L  I  N  Y
U  E  O  R  Z  R  C  A  D  L  O  K  P  D
P  R  U  F  N  C  A  G  Z  N  V  V  Á  V
E  E  T  É  F  B  F  F  I  Ů  D  M  R  T
L  C  E  M  W  L  B  S  G  Ž  O  Ř  A  N
K  G  K  D  S  X  Y  Y  S  K  V  V  E  A
V  R  G  U  Y  X  D  A  L  Y  T  O  I  Z
P  T  É  F  Y  O  I  E  O  J  D  D  F  B
E  R  W  M  Z  R  U  Č  N  Í  K  A  M  R
```

KOUPEL	PARFÉM
BUBLINY	KOHOUTEK
NŮŽKY	MÝDLO
SPRCHA	RUČNÍK
VODA	ŠAMPON
HOUBA	KOBEREC
DŘEZ	WC
KRÉM	PÁRA
ZRCADLO	

6 - Adjectifs #1

```
U U U B A M B I C I Ó Z N Í
X P M O D E R N Í E Z U H O
H O Ř Ě A T R A K T I V N Í
F Y B Í L A K T I V N Í V K
A T X H M E D Ů L E Ž I T Ý
A R Z P S N C W Z X T T Š T
B E O F N T Ý K A O E O T Ě
S J L M L A D Ý Ý T N T Ě Ž
O J W U A H O B G I K O D K
L G Y F D T F Z N C Ý Ž R Ý
U I L A P S I R I K P N Ý G
T P O M A L Ý C N Ý O Ý J X
N E V I N N Ý D K R Á S N Á
Í O B R O V S K Ý Ý O O H H
```

ABSOLUTNÍ	UPŘÍMNÝ
AKTIVNÍ	TOTOŽNÝ
AMBICIÓZNÍ	DŮLEŽITÝ
AROMATICKÝ	NEVINNÝ
UMĚLECKÝ	MLADÝ
ATRAKTIVNÍ	POMALÝ
KRÁSNÁ	TĚŽKÝ
EXOTICKÝ	TENKÝ
OBROVSKÝ	MODERNÍ
ŠTĚDRÝ	

7 - Instruments de Musique

```
H  B  M  S  A  X  O  F  O  N  J  K  K  T
A  E  A  Z  S  Z  K  A  G  P  H  T  P  R
R  N  R  E  F  D  Y  M  L  O  Z  A  O  U
F  D  I  Y  G  Y  T  X  G  D  Y  M  K  B
A  Ž  M  M  F  F  A  G  O  T  F  B  L  K
B  O  B  K  L  A  R  I  N  E  T  U  E  A
U  B  A  L  É  X  A  P  G  L  N  R  P  H
B  D  A  A  T  J  D  J  Y  Y  X  Í  R  O
E  P  P  L  N  Z  S  A  B  F  U  N  S  U
N  H  O  M  A  N  D  O  L  Í  N  A  Z  S
E  J  O  Z  H  A  R  M  O  N  I  K  A  L
I  N  K  B  O  K  L  A  V  Í  R  S  U  E
U  J  E  T  O  U  Y  U  M  L  F  D  S  U
L  T  A  F  V  J  N  B  M  F  J  F  A  B
```

BENDŽO
FAGOT
KLARINET
FLÉTNA
GONG
KYTARA
HARMONIKA
HARFA
HOBOJ
MANDOLÍNA

MARIMBA
POKLEP
KLAVÍR
SAXOFON
BUBEN
TAMBURÍNA
POZOUN
TRUBKA
HOUSLE

8 - Échecs

```
X W L Z J W K J P U Š S S T
N C G Z Y H R Á Č Č A S O U
S O U T Ě Ž Á X P R M A U R
Č J U R B C L K H G P Y P N
R E K R Á L O V N A I L E A
W V R L K Z K V C O Ó R Ř J
Y F M N P R K Y E G N H E M
S Z Y H Á R T C C H Y T R Ý
O X H S T R A T E G I E I A
P A S I V N Í V Ý Z V Y I M
F P O B Ě Ť L E I K B O D Y
U W L U U K Y M F D Í V E L
Ú H L O P Ř Í Č K A L S S W
O V K P Y J X I D E Ý A F V
```

SOUPEŘ   PASIVNÍ
BÍLÝ   BODY
ŠAMPIÓN   KRÁLOVNA
SOUTĚŽ   PRAVIDLA
VÝZVY   KRÁL
ÚHLOPŘÍČKA   OBĚŤ
CHYTRÝ   STRATEGIE
HRA   ČAS
HRÁČ   TURNAJ
ČERNÁ

9 - Herboristerie

```
L  P  Ř  Í  S  A  D  A  L  W  K  R  M  C
E  Z  E  L  E  N  Á  K  Z  I  V  O  X  R
V  G  B  O  F  E  C  V  B  Z  A  Z  B  F
A  M  U  S  E  I  S  Ě  P  A  L  M  A  E
N  X  D  N  X  Y  R  T  P  H  I  A  Z  N
D  G  Š  N  C  E  R  I  R  R  T  R  A  Y
U  M  A  J  O  R  Á  N  K  A  A  Ý  L  K
L  T  F  P  Y  A  Č  A  S  D  G  N  K  L
E  Y  R  E  Ř  T  F  E  R  A  O  O  A  J
F  M  Á  T  A  Í  U  X  S  Y  H  E  N  T
B  I  N  R  P  U  C  B  Z  N  E  H  J  D
Y  Á  P  Ž  X  P  J  H  K  A  E  O  R  X
P  N  C  E  I  I  G  K  U  F  O  K  R  I
U  J  P  L  N  P  H  C  B  Ť  F  L  E  X
```

ČESNEK	MÁTA
BAZALKA	PETRŽEL
ESTRAGON	KVALITA
FENYKL	ROZMARÝN
KVĚTINA	ŠAFRÁN
PŘÍSADA	PŘÍCHUŤ
ZAHRADA	TYMIÁN
LEVANDULE	ZELENÁ
MAJORÁNKA	

10 - Véhicules

```
V G H P N E U M A T I K Y P
M L E T A D L O U R A W E O
U O B B C F U E T A N L P N
V R T U L N Í K O K Á J M O
Y A N O S C G O B T K M K R
P K M N R S E Y U O L O Ď K
M E T R O E A N S R A A B A
H T T A X I J N V Z Ď U J K
K A R A V A N A I B Á T O V
V N A W I N P L U T K O X Z
A L T R A J E K T X K L O C
R X A Z X R N K P L V A C H
I T S K V O R C D T N L O M
F K O L O B Ě Ž K A F X F S
```

SANITKA
LETADLO
LOĎ
AUTOBUS
NÁKLAĎÁK
KARAVANA
TRAJEKT
RAKETA
VRTULNÍK
METRO

MOTOR
PNEUMATIKY
VOR
KOLOBĚŽKA
PONORKA
TAXI
TRAKTOR
VLAK
AUTO

11 - Camping

```
D O B R O D R U Ž S T V Í M
P Ř Í R O D A C Y K B P K Ě
K H H K O M P A S L L O V S
A M O Á H H K C H O L L B Í
B Y R N E O O C Y B N V W C
I Z A O Ň U I E V O S T A N
N K J E Y P H T F U V K X B
A F J Z M A P A K K J A Y Y
J E N L V C G O Y U Z D I T
L E N Z M Í W E I L D A X V
I E Z F L S Ř L U C E R N A
D F S E Y Í Z A Ř Í Z E N Í
J P D Y R T U N T B D D Z O
Z E U W N O D O K A Z E O X
```

ZVÍŘATA	OHEŇ
DOBRODRUŽSTVÍ	LES
KOMPAS	HOUPACÍ SÍT
KABINA	HMYZ
KÁNOE	JEZERO
MAPA	LUCERNA
KLOBOUK	MĚSÍC
LOV	HORA
LANO	PŘÍRODA
ZAŘÍZENÍ	STAN

12 - Écologie

```
D  L  R  G  L  O  B  Á  L  N  Í  V  Z  V
H  R  P  Ř  Í  R  O  D  N  Í  B  E  G  T
P  S  U  C  H  O  B  N  W  H  K  G  U  Z
Ř  Ř  I  H  O  D  R  Ů  D  A  L  E  X  H
Í  U  E  H  V  K  O  M  U  N  I  T  Y  O
R  D  S  Ž  T  V  G  O  M  R  M  A  O  R
O  R  P  J  I  O  U  Ř  O  F  A  C  E  Y
D  Ž  M  T  L  T  R  S  Č  L  A  E  C  B
A  I  C  Z  I  S  Í  K  Á  Ó  P  U  V  R
G  T  M  H  S  G  H  Ý  L  R  L  P  N  A
C  E  Z  D  R  O  J  E  B  A  H  H  H  A
W  L  D  O  B  R  O  V  O  L  N  Í  C  I
N  N  R  O  Z  M  A  N  I  T  O  S  T  G
G  Ý  P  K  G  O  R  O  S  T  L  I  N  Y
```

DOBROVOLNÍCI   MOŘSKÝ
KLIMA   HORY
KOMUNITY   PŘÍRODA
ROZMANITOST   PŘÍRODNÍ
UDRŽITELNÝ   ROSTLINY
DRUH   ZDROJE
FAUNA   SUCHO
FLÓRA   PŘEŽITÍ
GLOBÁLNÍ   ODRŮDA
MOČÁL   VEGETACE

13 - Astronomie

```
P  G  R  Z  T  K  W  A  B  A  M  M  T  O
L  K  A  O  Á  I  I  Z  Y  S  L  E  E  Z
A  O  K  L  G  Ř  I  A  W  T  H  T  I  V
N  S  E  Y  A  P  E  P  M  R  O  E  O  V
E  M  T  H  H  X  Z  N  Z  O  V  O  B  S
T  O  A  R  E  K  I  T  Í  N  I  R  S  U
A  S  W  G  O  Z  E  E  Z  A  N  M  E  P
S  O  L  Á  R  N  Í  T  A  U  A  M  R  E
M  Ě  S  Í  C  R  O  E  T  T  N  G  V  R
Z  E  M  Ě  T  U  F  M  M  R  D  C  A  N
A  S  T  E  R  O  I  D  Ě  A  L  V  T  O
V  E  S  M  Í  R  Y  S  N  E  B  E  O  V
S  O  U  H  V  Ě  Z  D  Í  N  J  D  Ř  A
R  O  V  N  O  D  E  N  N  O  S  T  Z  J
```

ASTEROID	MĚSÍC
ASTRONAUT	METEOR
ASTRONOM	MLHOVINA
NEBE	OBSERVATOŘ
SOUHVĚZDÍ	PLANETA
KOSMOS	ZÁŘENÍ
ZATMĚNÍ	SOLÁRNÍ
ROVNODENNOST	SUPERNOVA
RAKETA	ZEMĚ
GALAXIE	VESMÍR

14 - Types de Cheveux

```
E  Z  D  Y  P  S  T  Ř  Í  B  R  O  K  K
K  H  B  B  Í  L  Ý  L  E  S  K  L  Ý  U
T  N  R  Z  A  Č  E  R  N  Á  H  E  R  D
K  Ě  R  D  B  X  S  Š  T  A  S  A  P  R
S  D  R  R  L  V  H  E  A  K  E  S  B  N
U  Ý  M  A  O  O  I  D  S  T  A  N  A  A
C  T  Ě  V  N  Y  U  Á  G  E  Ý  D  R  T
H  U  K  Ý  D  Z  J  H  S  N  C  C  E  Ý
Ý  A  K  T  Y  K  K  S  Ý  K  F  U  V  Ř
M  V  Ý  V  L  N  I  T  Ý  Ý  F  G  N  D
T  L  U  S  T  Ý  K  R  Á  T  K  Ý  Ý  G
P  L  E  T  E  N  É  T  J  X  P  Y  F  J
B  L  H  K  X  K  N  H  N  Y  S  X  C  W
O  S  M  N  Z  U  S  V  X  C  L  N  Z  D
```

STŘÍBRO	KUDRNATÝ
BÍLÝ	ŠEDÁ
BLOND	DLOUHÝ
KADEŘ	HNĚDÝ
LESKLÝ	TENKÝ
PLEŠATÝ	ČERNÁ
BAREVNÝ	VLNITÝ
KRÁTKÝ	ZDRAVÝ
MĚKKÝ	SUCHÝ
TLUSTÝ	PLETENÉ

15 - Restaurant #1

```
K P P O K L A D N Í N O C T
O U P G Á W T Y H C Ů X H I
M Z C A V N E G M K Ž P K N
Á A N H A U B R O U S E K G
Č Z H U Y Č Í Š N I C E D R
K I P C R N K T R N O C E E
A P D D M Y Ě U V A T Y Z D
B I M T C H N K Ř L G F E I
C K I R C E O I M E N U R E
T A L Í Ř H N B Í R K J T N
U N K M S L L P S G O L H C
L T Y Z G V L É A I R I Y E
I N I D E Z L C B E P W I V
B Í N H J Í D L O L N O C O
```

ALERGIE	INGREDIENCE
TALÍŘ	MENU
MÍSA	JÍDLO
KÁVA	CHLÉB
POKLADNÍ	KUŘE
NŮŽ	OMÁČKA
KUCHYNĚ	ČÍŠNICE
DEZERT	UBROUSEK
PIKANTNÍ	

16 - Mammifères

```
G P P Z J D I O P T V K Ů Ň
D J A O V C E K R Y F L E V
R Ž I R A F A L Z G O O S I
M E D V Ě D U M F R M K L R
T A A N K O Č K A Í Z A O R
J V Y G C J L X W N N N N V
E E P P R G O R I L A G T Y
J L F D U R Z P I N Y G E H
U R K D B G O V W L M F W P
S Y P R K O J O T V X V S E
W B Ý K Á J Y W S V S W L S
H A R F C L I Š K A R R F K
O P I C E K Í Z E B R A U Z
N S Z R T Z I K K Y A D O T
```

VELRYBA	KRÁLÍK
KOČKA	LEV
KŮŇ	VLK
PES	OVCE
KOJOT	MEDVĚD
DELFÍN	LIŠKA
SLON	OPICE
ŽIRAFA	BÝK
GORILA	TYGR
KLOKAN	ZEBRA

17 - Sports

```
O  S  P  Y  K  G  N  O  U  A  U  X  H  T
M  P  J  L  K  O  Y  X  B  N  J  T  O  Ě
M  O  Í  X  A  T  R  E  N  É  R  Y  K  L
I  R  Z  D  G  V  Í  T  Ě  Z  I  C  E  O
S  T  D  S  Y  X  A  Y  J  N  H  M  J  C
T  O  N  E  M  N  C  T  Z  I  R  R  N  V
R  V  Í  C  N  C  T  T  Ý  M  A  O  Á  I
O  E  K  B  A  S  K  E  T  B  A  L  Z  Č
V  C  O  C  S  G  D  N  G  O  L  F  C  N
S  H  L  H  T  L  X  I  T  I  M  D  Y  A
T  N  O  W  I  Y  B  S  T  A  D  I  Ó  N
V  U  S  C  K  R  O  Z  H  O  D  Č  Í  N
Í  T  R  D  A  B  A  S  E  B  A  L  L  X
H  Í  C  Z  F  L  H  S  Y  K  G  Z  D  E
```

ROZHODČÍ	GYMNASTIKA
SPORTOVEC	HOKEJ
BASEBALL	HRA
BASKETBAL	HRÁČ
MISTROVSTVÍ	HNUTÍ
TRENÉR	PLAVAT
TÝM	STADIÓN
VÍTĚZ	TENIS
GOLF	JÍZDNÍ KOLO
TĚLOCVIČNA	

18 - Chocolat

```
G  W  D  K  P  R  Á  Š  E  K  E  K  R  B
O  E  H  A  A  G  S  N  C  M  C  V  E  O
C  B  T  L  N  R  L  N  U  M  H  A  C  N
I  W  F  O  T  C  A  G  K  C  O  L  E  B
L  Z  D  R  I  U  D  M  R  O  R  I  P  Ó
L  M  I  I  O  R  K  D  E  B  K  T  T  N
A  R  P  E  X  W  Ý  W  N  L  Ý  A  V  V
H  V  Ř  A  I  L  R  P  Ř  Í  C  H  U  Ť
O  Ů  Í  V  D  K  X  R  G  B  B  Z  B  X
D  N  S  H  A  X  O  C  X  E  C  N  R  C
N  Ě  A  P  N  O  S  K  K  N  S  H  C  X
É  C  D  S  T  B  G  C  O  Ý  C  M  U  X
A  R  A  Š  Í  D  Y  V  E  S  H  Y  Z  Ť
B  S  H  F  W  I  K  A  K  A  O  J  Y  E
```

HORKÝ	OBLÍBENÝ
ANTIOXIDANT	CHUŤ
VŮNĚ	PŘÍSADA
BONBÓN	KOKOS
ARAŠÍDY	PRÁŠEK
KAKAO	KVALITA
KALORIE	RECEPT
KARAMEL	PŘÍCHUŤ
LAHODNÉ	CUKR
SLADKÝ	

19 - Mathématiques

```
O  S  U  H  A  P  O  L  Y  G  O  N  Y  K
D  B  O  Z  T  R  O  R  O  V  N  I  C  E
E  B  V  S  X  Ů  O  B  M  S  F  E  T  I
S  D  K  O  L  M  Ý  B  D  L  P  X  G  W
E  J  U  U  D  Ě  D  W  J  É  A  P  M  S
T  G  I  Č  B  R  N  S  R  E  L  O  I  A
I  L  D  E  P  K  Á  Y  N  T  M  N  N  U
N  R  T  T  O  M  M  M  W  V  G  E  Í  S
N  F  U  M  L  U  Ě  E  D  P  R  N  Z  K
Ý  H  A  F  O  K  S  T  Y  U  Ú  T  L  F
J  G  E  O  M  E  T  R  I  E  H  W  O  W
L  I  S  R  Ě  N  Í  I  K  N  L  R  M  X
T  Y  D  L  R  D  U  E  I  U  Y  C  E  K
A  R  I  T  M  E  T  I  C  K  Ý  F  K  G
```

ÚHLY
ARITMETICKÝ
NÁMĚSTÍ
OBVOD
DESETINNÝ
PRŮMĚR
EXPONENT
ROVNICE
ZLOMEK

GEOMETRIE
KOLMÝ
POLYGON
POLOMĚR
OBDÉLNÍK
SOUČET
SYMETRIE
OBJEM

20 - Mythologie

```
B L E S K S V P J L J S K P
G E B T O A Y A Ř L H Í U O
D G M O Y C T L B Í R L L M
I E D I Z L V A A Š A T S
M N H R O M O L S S Ž E U T
A D Z B C O Ř A M T Á J R A
G A S I V N E B R V R P A A
I O A Y C D N Y T O L O V N
C H O V Á N Í R E Ř I Z F G
K R O K G U K I L E V T I A
Ý D J D D P I N N O W J I
F I S J H H E T Ý Í S Y K X
P N B O J O V N Í K T E L K
F A N E S M R T E L N O S T
```

KATASTROFA   NESMRTELNOST
CHOVÁNÍ   ŽÁRLIVOST
VYTVOŘENÍ   LABYRINT
STVOŘENÍ   LEGENDA
KULTURA   MAGICKÝ
BLESK   PŘÍŠERA
SÍLA   SMRTELNÝ
BOJOVNÍK   HROM
HRDINA   POMSTA

21 - Restaurant #2

```
L  Z  Ž  W  U  B  X  L  Ž  Í  C  E  O  N
W  E  K  I  I  I  V  E  Č  E  Ř  E  B  S
W  L  B  S  D  X  A  D  W  Z  I  B  Ě  T
Z  E  X  Ů  O  L  I  L  A  S  C  P  D  S
S  N  V  L  R  V  E  Y  A  Z  O  Y  E  K
E  I  O  O  T  Y  B  V  M  H  L  N  Č  A
M  N  F  R  L  W  D  H  E  V  O  U  Í  N
J  A  P  O  L  É  V  K  A  J  C  D  Š  G
U  N  Á  P  O  J  V  N  K  L  C  L  N  B
K  O  Ř  E  N  Í  O  V  O  C  E  E  Í  É
X  W  G  M  M  O  J  X  L  U  M  C  K  T
H  B  W  V  B  F  W  S  R  L  R  P  C  A
N  V  I  D  L  I  Č  K  A  M  A  W  M  K
S  A  L  Á  T  V  O  D  A  R  Y  B  A  A
```

NÁPOJ	DORT
ŽIDLE	LED
LŽÍCE	ZELENINA
OBĚD	NUDLE
LAHODNÉ	VEJCE
VEČEŘE	RYBA
VODA	SALÁT
KOŘENÍ	SŮL
VIDLIČKA	ČÍŠNÍK
OVOCE	POLÉVKA

22 - Couleurs

```
U  G  Č  Ž  L  U  T  Á  V  S  Č  P  L  N
B  D  E  B  X  G  X  D  K  É  E  U  T  A
T  Y  R  K  Y  S  O  V  Á  P  R  R  B  C
A  V  V  A  Y  O  L  Y  E  I  N  P  F  H
Z  V  E  N  U  C  Y  Š  K  E  Á  U  U  O
U  I  N  D  I  G  O  L  E  N  T  R  C  V
R  B  É  Ž  O  V  Ý  R  H  D  O  O  H  Ý
A  Ů  N  D  X  M  K  Z  Z  N  Á  V  S  M
X  G  Ž  M  O  D  R  Ý  E  Y  Ě  Á  I  D
B  J  F  O  U  C  E  R  L  G  T  D  E  T
D  Y  L  N  V  X  A  Z  E  I  Y  U  Ý  L
N  K  D  G  E  Ý  U  L  N  B  M  H  N  B
H  I  B  Í  L  Ý  Z  Z  Á  M  X  V  Z  Y
O  R  A  N  Ž  O  V  Ý  E  F  B  V  S  G
```

AZUR	PURPUROVÁ
BÉŽOVÝ	HNĚDÝ
BÍLÝ	ČERNÁ
MODRÝ	ORANŽOVÝ
TYRKYSOVÁ	RŮŽOVÝ
FUCHSIE	ČERVENÉ
ŠEDÁ	SÉPIE
INDIGO	ZELENÁ
ŽLUTÁ	NACHOVÝ

23 - Avions

```
S  M  Ě  R  B  V  Y  O  J  S  E  P  P  K
H  C  L  N  E  B  E  D  L  E  A  Ř  O  M
B  X  P  X  X  K  F  L  P  S  B  I  S  S
N  A  F  O  U  K  N  O  U  T  H  S  Á  F
K  T  L  A  A  M  T  A  D  U  I  T  D  O
O  M  P  Ó  Z  T  O  U  Y  P  S  Á  K  K
N  O  P  M  N  U  E  T  A  F  T  N  A  F
S  S  A  V  Ý  Š  K  A  O  Z  O  Í  E  X
T  F  L  R  O  K  N  Z  P  R  R  I  V  F
R  É  I  T  U  D  Z  O  Y  P  I  L  O  T
U  R  V  U  T  S  Í  J  V  W  E  H  J  V
K  A  O  L  S  U  F  K  V  Z  D  U  C  H
C  L  C  E  S  T  U  J  Í  C  Í  O  M  H
E  D  O  B  R  O  D  R  U  Ž  S  T  V  Í
```

VZDUCH	POSÁDKA
ATMOSFÉRA	NAFOUKNOUT
PŘISTÁNÍ	VÝŠKA
DOBRODRUŽSTVÍ	VRTULE
BALÓN	HISTORIE
PALIVO	VODÍK
NEBE	MOTOR
KONSTRUKCE	CESTUJÍCÍ
SESTUP	PILOT
SMĚR	

24 - Aventure

```
R N P Ř E K V A P I V Ý M V
P G K O B T Í Ž N O S T C T
F I R P Ř Í P R A V A A F T
O H Á D E S T I N A C E E K
S R S H I R U R A D O S T W
V T A J D G O B D F W L V V
N Ý A G V U M G Š A N C E I
O C L T B E Z P E Č N O S T
V S A E E Z K H N C B T V I
Ý D A O T Č P Ř Í R O D A N
G Y I F H N N A V I G A C E
C E S T U J E O S R R L X R
A K T I V I T A S E F B J Á
N E O B V Y K L Ý T Z M I Ř
```

AKTIVITA	ITINERÁŘ
KRÁSA	RADOST
STATEČNOST	PŘÍRODA
ŠANCE	NAVIGACE
DESTINACE	NOVÝ
OBTÍŽNOST	PŘÍPRAVA
NADŠENÍ	BEZPEČNOST
VÝLET	PŘEKVAPIVÝ
NEOBVYKLÝ	CESTUJE

25 - Ville

```
G B T M R E S T A U R A C E
W A S U P E R M A R K E T K
H N L Z Z K X I H K X W G L
X K P E K Á R N A S S I A É
U A K U R K B I G R W V S K
L N L M R I H O T E L D T Á
K E I K V N E F V K O I A R
V Z T V M O T R H N T V D N
Ě U B I E K L I N I K A I A
T Z O O Š R V W V H O D Ó R
I T P D K T Z E O O T L N W
N Z L T O K Ě I J V L O M Y
Á T S V L H G X T N D F B M
Ř B J H A G X K G A P D D T
```

LETIŠTĚ
BANKA
KNIHOVNA
PEKÁRNA
KINO
KLINIKA
ŠKOLA
KVĚTINÁŘ
GALERIE
HOTEL

TRH
MUZEUM
LÉKÁRNA
RESTAURACE
STADIÓN
SUPERMARKET
DIVADLO
UNIVERZITA
ZOO

26 - Cuisine

```
V M D J P J G J D W X X D L
I N K O Ř E N Í Ž N R A N E
D N L Ž Í C E D B C O N A D
L T A M Í S A L Á G W Ž R N
I U Y B J L I O N R V W E I
Č B V Č Ě K O N V I C E C Č
K R S B I R M B H L Z S E K
Y O F V M N A E E U Á K P A
P U E L J W K Č A S S L T S
O S H O U B A Y K W T E R P
M E M R A Z Á K B A Ě N O F
I K S W B R D K D B R I U G
V Y N P A C I E J Y A C B M
I C I J S H D B E I N E A H
```

TYČINKY	VIDLIČKY
MÍSA	GRIL
KONVICE	NABĚRAČKA
MRAZÁK	JÍDLO
NOŽE	SKLENICE
DŽBÁN	RECEPT
LŽÍCE	LEDNIČKA
KOŘENÍ	UBROUSEK
HOUBA	ZÁSTĚRA
TROUBA	

27 - Gentillesse

```
E  Z  R  O  J  P  J  E  M  N  Ý  N  P  M
P  V  D  D  D  M  O  U  D  K  Y  Z  A  I
F  O  W  J  S  O  U  C  I  T  N  Ý  C  L
J  R  Z  O  R  L  W  K  H  H  S  F  I  U
F  M  M  O  J  R  A  W  X  O  I  H  E  J
H  Z  R  U  R  L  T  R  K  X  P  L  N  Í
V  O  W  A  V  N  Í  M  A  V  Ý  E  T  C
U  C  T  I  V  Ý  Ý  O  T  G  P  F  N  Í
U  P  Ř  Í  M  N  Ý  Š  T  Ě  D  R  Ý  Í
L  Á  S  K  Y  P  L  N  Ý  N  U  D  Z  G
G  L  A  T  O  L  E  R  A  N  T  N  Í  X
P  O  H  O  S  T  I  N  N  Ý  P  A  Y  D
U  O  V  T  P  Ř  Á  T  E  L  S  K  Ý  W
Š  Ť  A  S  T  N  Ý  O  C  H  O  T  N  Ý
```

LÁSKYPLNÝ	ŠŤASTNÝ
MILUJÍCÍ	UPŘÍMNÝ
PŘÁTELSKÝ	POHOSTINNÝ
POZORNÝ	PACIENT
SOUCITNÝ	UCTIVÝ
POCHOPENÍ	VNÍMAVÝ
JEMNÝ	TOLERANTNÍ
ŠTĚDRÝ	OCHOTNÝ

28 - Corps Humain

```
U M K R K Z T C H J A P W N
R O O U B J S Č E L I S T O
B Z L K X C R S R A A G F S
D E E A X J Y B F A V V R L
L K N N L A M N T V L I A X
O I O I Y U R S Y M B D A B
K Ú O X H A D P X K E I M R
E S U A T S W B Z Ů P V O A
T T R T Y M F G X Ž D R B D
O A A D K V I O U E Y H S A
L A M C C T V Á Ř O M B U T
M P E K R E V Ž A L U D E K
A H N N U C H O K O T N Í K
T S O P S J F T P L T L W X
```

ÚSTA	RTY
MOZEK	RUKA
KOTNÍK	ČELIST
KRK	BRADA
LOKET	NOS
SRDCE	UCHO
PRST	KŮŽE
ŽALUDEK	KREV
RAMENO	HLAVA
KOLENO	TVÁŘ

29 - Épices

```
P A P R I K A F G I Z L O L
E Ř K Y S E L Ý E W G X A Y
P X Í D Y K K C A N Ý Z Z K
Ř G G C Y G U I K P Y S V A
W K T I H P N B O Í Z K G R
R C S C O U B U R S Á O L I
Č B D S R R Ť L I K Z Ř É Y
Z E Y Ů K A Z E A A V I K M
A Z S L Ý I G E N V O C O F
H G K N B T U K D I R E Ř W
Z R M E E O Z L R C K B I A
S V Í W R K P M M E I W C J
K X N K A R D A M O N W E N
Š A F R Á N V A N I L K A W
```

KYSELÝ	PÍSKAVICE
ČESNEK	ZÁZVOR
HORKÝ	CIBULE
ANÝZ	PAPRIKA
SKOŘICE	PEPŘ
KARDAMON	LÉKOŘICE
KORIANDR	ŠAFRÁN
KMÍN	PŘÍCHUŤ
KARI	SŮL
FENYKL	VANILKA

30 - Science

```
A V E T B G F H C Y A N Y E
U X F E H R Č Y V Ě D E C X
V Ý V O J A Á P Z T J P J P
C M W L L V S O T I F K W E
N E P K D I T T G A K M A R
X T R C T T I É C I C A P I
Z O N D E A C Z D H N T Ř M
C D S L T C E A U A N O Í E
K A M O L E K U L Y T M R N
G L A B O R A T O Ř C A O T
H M I N E R Á L Y T E C D Y
C H E M I C K Ý E Z O G A F
X O R G A N I S M U S H V Z
H M F O S I L I E E M R R U
```

ATOM   LABORATOŘ
CHEMICKÝ   METODA
KLIMA   MINERÁLY
DATA   MOLEKULY
EXPERIMENT   PŘÍRODA
VÝVVOJ   ORGANISMUS
FOSILIE   ČÁSTICE
GRAVITACE   FYZIKA
HYPOTÉZA   VĚDEC

31 - Chats

```
X  H  L  Z  S  J  N  W  L  N  M  S  J  T
D  V  U  M  C  O  E  G  G  M  Y  Š  H  L
D  R  Á  P  R  D  Z  V  Ě  D  A  V  Ý  A
R  Y  C  H  L  E  Á  J  B  J  O  L  X  P
A  G  L  V  A  S  V  C  T  U  C  H  Ý  K
P  K  O  Ž  E  Š  I  N  A  V  A  S  C  A
Ř  P  V  S  L  R  S  X  F  H  S  A  H  Š
Í  L  E  P  O  M  L  E  G  R  A  Č  N  Í
Z  A  C  Á  Y  B  Ý  R  K  A  D  R  P  L
E  C  C  T  H  W  N  P  L  V  I  F  Z  E
T  H  B  F  W  H  E  O  E  Ý  V  A  P  N
H  Ý  N  T  T  K  U  N  S  R  O  Z  C  Ý
L  Á  S  K  Y  P  L  N  Ý  T  K  D  I  O
M  L  W  R  G  S  U  Y  U  M  Ý  D  L  N
```

LÁSKYPLNÝ	NEZÁVISLÝ
LOVEC	TLAPKA
ZVĚDAVÝ	OSOBNOST
SPÁT	MALÝ
LEGRAČNÍ	OCAS
HRAVÝ	RYCHLE
PŘÍZE	DIVOKÝ
ŠÍLENÝ	MYŠ
KOŽEŠINA	PLACHÝ
DRÁP	

32 - Vêtements

```
R  K  C  C  G  P  V  R  M  Ó  D  A  R  U
N  U  L  U  W  F  D  A  P  Y  Ž  A  M  O
Á  Z  K  O  Š  I  L  E  R  X  Í  D  C  D
H  Á  K  A  B  Á  T  C  Y  X  N  B  S  K
R  S  B  B  V  O  X  Y  Y  P  Y  D  V  I
D  T  O  U  D  I  U  N  Á  R  A  M  E  K
E  Ě  T  N  G  Y  C  K  F  T  P  A  T  C
L  R  A  D  E  M  V  E  Š  A  T  Y  R  B
N  A  Y  A  A  S  A  N  D  Á  L  Y  O  C
Í  H  D  W  N  U  M  C  P  J  T  M  K  X
K  L  X  D  B  K  T  H  B  K  T  E  P  J
X  I  F  E  P  N  P  Á  S  S  N  X  K  N
Y  Z  N  F  G  Ě  H  A  L  E  N  K  A  O
K  A  L  H  O  T  Y  N  G  V  Y  D  H  K
```

NÁRAMEK	SUKNĚ
PÁS	KABÁT
KLOBOUK	MÓDA
BOTA	KALHOTY
KOŠILE	SVETR
HALENKA	PYŽAMO
NÁHRDELNÍK	ŠATY
ŠÁTEK	SANDÁLY
RUKAVICE	ZÁSTĚRA
DŽÍNY	BUNDA

33 - Arts Visuels

```
P Y E A S O K A I S Š H V K
O E L N T H S J Í L A R E Ř
R S R W O L W X K O B N L Í
T M P O J C O L F Ž L Č E D
R K E R A M I K A E O Í D A
É T R B N L M O L N N Ř Í D
T V S O C H A U Y Í A S L N
L O P N N T L V M M G T O P
N Ř E U H U O S O Ě G V J F
O I K N H Ž V V L S L Í F I
D V T J K K Á L A K K E B L
T O I X K A N W H Y L A C M
C S V P Y T Í F P K V T V Y
I T A R C H I T E K T U R A
```

ARCHITEKTURA	TVOŘIVOST
JÍL	FILM
UMĚLEC	MALOVÁNÍ
KERAMIKA	PERSPEKTIVA
VELEDÍLO	ŠABLONA
STOJAN	PORTRÉT
VOSK	HRNČÍŘSTVÍ
SLOŽENÍ	SOCHA
KŘÍDA	PERO
TUŽKA	LAK

34 - Méditation

```
T S J A S N O S T H L P U M
E M O C E A P R O B U D I T
F V D Ě Č N O S T E K D B S
L V P C H W G A B L L Z B M
P A P E R S P E K T I V A A
O U S Ř S F H T S L D Y M F
Z M O K Í G A C M S N K Í E
O L U S A R M Y S L I Y R P
R Č C V E V O H C L T S W X
N E I J G V O D Ý C H Á N Í
O T T V H F I S A K N T I K
S D U Š E V N Í T B U Y J V
T P D T K P Ř I J E T Í V K
P O Z O R O V Á N Í Í V D T
```

PŘIJETÍ   ZVYKY
POZORNOST   DUŠEVNÍ
UKLIDNIT   HNUTÍ
JASNOST   HUDBA
SOUCIT   PŘÍRODA
MYSL   POZOROVÁNÍ
EMOCE   MÍR
PROBUDIT   PERSPEKTIVA
LASKAVOST   DÝCHÁNÍ
VDĚČNOST   UMLČET

35 - Littérature

```
V  V  Ž  I  V  O  T  O  P  I  S  C  D  X
L  Y  A  R  Y  T  M  U  S  A  A  G  I  F
S  P  N  O  M  E  T  A  F  O  R  A  A  Y
R  R  E  M  B  P  D  U  I  C  R  U  L  D
O  A  K  Á  Á  O  K  T  T  A  H  I  O  B
V  V  D  N  S  P  K  O  H  D  R  B  G  K
N  Ě  O  D  E  I  N  R  S  Z  S  T  Y  L
Á  Č  T  T  Ň  S  B  E  L  E  T  R  I  E
N  Z  A  Y  S  E  O  Z  Á  V  Ě  R  M  M
Í  A  N  A  L  Ý  Z  A  R  C  Y  P  N  E
T  É  M  A  N  A  L  O  G  I  E  L  U  I
E  E  F  D  O  R  P  O  E  T  I  C  K  Ý
A  F  T  F  E  T  Ý  N  W  T  L  T  K  K
G  J  O  L  Z  G  U  M  M  Y  A  U  M  L
```

ANALOGIE   METAFORA
ANALÝZA   VYPRAVĚČ
ANEKDOTA   BÁSEŇ
AUTOR   POETICKÝ
ŽIVOTOPIS   RÝM
SROVNÁNÍ   ROMÁN
ZÁVĚR   RYTMUS
POPIS   STYL
DIALOG   TÉMA
BELETRIE

36 - Nourriture #1

```
C T X H C E X J Č I M Z G B
I U N E U T F T A E A I L A
T Ň R J K D L Y J H S Ů L Z
R Á N H R U Š K A E O N S A
O K E G S N Ň N L A Č D E L
N T M D K S Á W D I P M A K
O N C S O H V D W D F R E A
D C G V Ř S A L Á T O K M N
P M Y K I P Z J M G C E B H
K Á V A C I B U L E U V I L
B F Š P E N Á T É T U Ř Í N
O W E T S V K F K H L S W B
G H J D A S E P O L É V K A
N Z G Y C L A J A W J M M J
```

ČESNEK	TUŘÍN
BAZALKA	CIBULE
KÁVA	JEČMEN
SKOŘICE	HRUŠKA
MRKEV	SALÁT
CITRON	SŮL
ŠPENÁT	POLÉVKA
JAHODA	CUKR
ŠŤÁVA	TUŇÁK
MLÉKO	MASO

37 - Jours et Mois

```
K  S  Z  K  E  S  V  Č  E  R  V  E  N  S
A  R  O  R  Z  X  Z  Ú  T  E  R  Ý  N  T
L  P  I  B  H  G  X  C  C  V  E  F  Ř  Ř
E  E  G  P  O  N  D  Ě  L  Í  R  S  Í  E
N  N  K  G  F  T  L  U  K  H  J  T  J  D
D  P  Á  T  E  K  A  N  X  N  M  F  E  A
Á  Č  E  R  V  E  N  E  C  X  Ě  U  N  K
Ř  N  N  G  N  E  D  Ě  L  E  S  O  W  P
L  I  S  T  O  P  A  D  E  S  Í  J  Y  W
D  T  N  D  U  B  E  N  D  U  C  U  N  X
V  C  Ý  H  X  R  J  V  E  Z  H  T  U  G
C  U  W  D  M  Z  T  Y  N  V  H  G  F  Y
W  M  B  Ř  E  Z  E  N  Z  Á  Ř  Í  P  F
U  N  P  G  Ú  N  O  R  R  S  D  G  E  A
```

SRPEN	ÚTERÝ
DUBEN	BŘEZEN
KALENDÁŘ	STŘEDA
NEDĚLE	MĚSÍC
ÚNOR	LISTOPAD
LEDEN	ŘÍJEN
ČTVRTEK	SOBOTA
ČERVENEC	TÝDEN
ČERVEN	ZÁŘÍ
PONDĚLÍ	PÁTEK

38 - Championnat

```
V J B M E D A I L E R V F T
C Ý S P O R T O V N Í Y I N
A D K D H T Ý M P Z D T N N
M E Z O M J I K O C S R A S
I I Z L N A R V T D T V L B
B H S L O H L K A Ý X A I V
N H N T U R N A J C Y L S Í
D X L R R S H C L H E O T T
E N W E X O Z Z I A N S A Ě
R X U N H U V F G T X T T Z
I M R É T D T S A V O T F S
I D G R I C H W T H R Y Z T
S T R A T E G I E V C B A V
Š A M P I Ó N X U A Í I Z Í
```

ŠAMPIÓN	MEDAILE
MISTROVSTVÍ	MOTIVACE
VYTRVALOST	VÝKON
TRENÉR	DÝCHAT
TÝM	SPORTOVNÍ
FINALISTA	STRATEGIE
HRY	TURNAJ
SOUDCE	POT
LIGA	VÍTĚZSTVÍ

39 - Pirates

```
D D X L W L P O K L A D H Š
K O T V A E C O Z J D M R P
A Z B L M G C Y P W E Y R A
P W O R N E B E Z P E Č Í T
I O I U O N K N L M A K N N
T O S M H D J E S K Y N Ě Ý
Á S P Á S A R B O G O J G L
N T L X D E B U J I Z V A X
P R Á Y U K H G Ž Y L U E R
G O Ž P W M A P A S A V J B
V V P A P O U Š E K T J S J
Z G M I N C E D M G O V X Z
M S I E V L A J K A D B Í E
O R G S Č O C E Á N Y G R R
```

KOTVA
DOBRODRUŽSTVÍ
KAPITÁN
MAPA
JIZVA
NEBEZPEČÍ
VLAJKA
MEČ
POSÁDKA
JESKYNĚ

OSTROV
LEGENDA
ŠPATNÝ
OCEÁN
ZLATO
PAPOUŠEK
MINCE
PLÁŽ
RUM
POKLAD

40 - Activités

```
Ř  R  D  R  S  P  O  T  Ě  Š  E  N  Í  Z
E  Y  O  E  F  R  T  U  M  Ě  N  Í  C  Á
M  B  V  L  F  N  H  R  Y  X  J  M  W  J
E  O  E  A  E  K  Z  I  Č  T  E  N  Í  M
S  L  D  X  U  E  S  S  V  E  Y  A  X  Y
L  O  N  A  S  M  G  T  K  E  P  K  I  K
A  V  O  C  D  P  Š  I  T  Í  I  T  V  E
U  G  S  E  C  O  J  K  O  U  E  I  O  R
A  H  T  Z  U  V  M  A  G  I  E  V  L  A
M  A  L  O  V  Á  N  Í  L  O  V  I  N  M
T  V  K  Z  M  N  M  L  X  U  Z  T  Ý  I
D  Z  M  C  K  Í  H  S  R  H  T  A  Č  K
Z  A  H  R  A  D  N  I  Č  E  N  Í  A  A
X  J  D  B  T  P  S  B  R  L  U  U  S  S
```

AKTIVITA	HRY
UMĚNÍ	ČTENÍ
ŘEMESLA	VOLNÝ ČAS
KEMPOVÁNÍ	MAGIE
KERAMIKA	MALOVÁNÍ
LOV	RYBOLOV
DOVEDNOST	POTĚŠENÍ
ŠITÍ	TURISTIKA
ZÁJMY	RELAXACE
ZAHRADNIČENÍ	

41 - Fleurs

```
P  H  G  P  H  C  Y  D  D  W  F  L  O  I
L  I  L  I  E  T  F  C  G  T  Y  E  R  B
U  S  N  V  E  A  L  V  R  U  D  V  C  I
M  L  A  O  J  I  J  H  R  O  M  A  H  Š
E  U  R  Ň  R  A  G  A  R  D  É  N  I  E
R  N  C  K  Ů  J  S  O  Z  M  R  D  D  K
I  E  I  A  Ž  E  K  M  W  V  V  U  E  T
A  Č  S  C  E  T  O  I  Í  G  M  L  J  U
X  N  B  G  T  E  O  H  N  N  U  E  P  L
T  I  L  B  H  L  U  E  A  Š  Č  F  D  I
J  C  M  A  G  N  Ó  L  I  E  E  F  V  P
R  E  K  Y  T  I  C  E  M  L  N  Ř  B  Á
E  S  E  D  M  I  K  R  Á  S  K  A  Í  N
P  A  M  P  E  L  I  Š  K  A  A  J  S  K
```

KYTICE
GARDÉNIE
IBIŠEK
JASMÍN
NARCIS
LEVANDULE
ŠEŘÍK
LILIE
MAGNÓLIE
SEDMIKRÁSKA

ORCHIDEJ
MUČENKA
MÁK
PAMPELIŠKA
PIVOŇKA
PLUMERIA
RŮŽE
SLUNEČNICE
JETEL
TULIPÁN

42 - Nourriture #2

```
P O Y A E V E J C E L C Š W
C B F L W U E W B O D X U V
L L C A U M J D C T E T N R
J I Y C Č N P S R K O Ř K A
V N L B R O K O L I C E A J
U N H E Y M K C A W G Š U Č
N O O E K S U O H I D E E E
G U U U C M Ř X L L H Ň R P
U R B C E L E R R Á É R Y Š
T M A N G O X R R X D B B E
C V W Y C M A N D L E A A N
H R O Z E N R I X U D N K I
B A N Á N N E J A B L K O C
G U T N Z Y L F I N R Ý Ž E
```

MANDLE	KIWI
LILEK	MANGO
BANÁN	VEJCE
PŠENICE	CHLÉB
BROKOLICE	RYBA
TŘEŠEŇ	JABLKO
CELER	KUŘE
HOUBA	HROZEN
ČOKOLÁDA	RÝŽE
ŠUNKA	RAJČE

43 - Océan

```
T  B  H  W  H  V  L  N  Y  L  K  P  Ú  K
C  H  O  B  O  T  N  I  C  E  R  D  H  D
L  O  F  U  Y  G  H  T  Ž  R  A  L  O  K
J  U  W  R  Ř  D  Z  M  N  V  B  Ú  Ř  O
A  B  H  K  R  E  V  E  T  A  W  S  N  R
P  A  J  X  Y  L  R  D  T  P  P  T  S  Á
B  Ř  M  Ž  B  F  Z  Ú  I  J  J  Ř  J  L
R  A  Í  E  A  Í  W  Z  I  K  V  I  O  A
J  A  F  L  J  N  Y  A  H  B  O  C  K  L
A  W  P  V  I  H  N  B  H  R  E  E  S  O
W  Y  X  A  W  V  V  E  L  R  Y  B  A  Ď
A  V  Y  P  N  V  Y  F  Y  T  U  Ň  Á  K
J  K  J  Ú  T  E  S  Ů  L  I  R  V  L  Z
J  W  X  H  I  J  C  V  K  N  O  Z  G  D
```

ÚHOŘ   MEDÚZA
VELRYBA   RYBA
LOĎ   CHOBOTNICE
KORÁL   ŽRALOK
KRAB   ÚTES
KREVETA   SŮL
DELFÍN   BOUŘE
HOUBA   TUŇÁK
ÚSTŘICE   ŽELVA
PŘÍLIVY   VLNY

44 - Remplir

```
B  K  Z  Š  P  K  B  E  L  Í  K  U  B  V
A  R  Á  J  U  S  A  B  A  R  E  L  P  Z
L  A  S  Z  W  P  I  R  C  U  J  S  L  O
Í  B  O  O  P  F  L  N  T  A  Š  K  A  B
Č  I  B  A  K  O  Š  Í  K  O  O  L  V  Á
E  C  N  U  U  Z  V  Y  K  M  N  E  I  L
K  E  Í  G  F  S  L  O  Ž  K  A  N  D  K
B  V  K  T  T  F  K  U  D  Y  U  I  L  A
T  R  U  B  K  A  U  O  X  Í  L  C  O  K
W  A  U  E  Y  J  F  R  H  W  I  E  O  A
O  H  P  D  O  J  R  L  Á  H  E  V  V  P
Y  C  L  N  D  C  U  P  V  P  Y  Á  B  S
T  N  W  A  W  S  N  R  N  A  Y  Z  V  A
W  M  F  M  D  C  P  L  J  D  K  A  B  A
```

BAREL	BALÍČEK
POVODÍ	ZÁSOBNÍK
KRABICE	KAPSA
LÁHEV	SKLENICE
BEDNA	TAŠKA
KARTON	KBELÍK
SLOŽKA	ŠUPLÍK
OBÁLKA	TRUBKA
PLAVIDLO	KUFR
KOŠÍK	VÁZA

45 - Ballet

```
B  P  P  O  T  X  V  Z  P  D  R  N  C  R
I  T  L  C  A  G  J  K  U  O  Y  D  H  B
U  N  E  S  N  E  J  O  B  V  T  X  O  A
P  O  T  L  E  S  K  U  L  E  M  B  R  L
H  D  T  E  Č  T  J  Š  I  D  U  G  E  E
U  J  W  I  N  O  G  K  K  N  S  Z  O  R
D  W  O  H  Í  Z  K  A  U  O  G  Z  G  Í
B  B  D  N  C  M  I  G  M  S  Z  S  R  N
A  U  S  V  I  E  L  T  Y  T  S  V  A  A
O  R  C  H  E  S  T  R  A  Z  Ó  A  F  A
S  K  L  A  D  A  T  E  L  N  L  L  I  P
E  X  P  R  E  S  I  V  N  Í  O  Y  E  U
A  D  V  U  M  Ě  L  E  C  K  Ý  E  U  R
E  L  E  G  A  N  T  N  Í  S  T  Y  L  L
```

POTLESK	INTENZITA
UMĚLECKÝ	SVALY
BALERÍNA	HUDBA
CHOREOGRAFIE	ORCHESTR
DOVEDNOST	PUBLIKUM
SKLADATEL	ZKOUŠKA
TANEČNÍCI	RYTMUS
EXPRESIVNÍ	SÓLO
GESTO	STYL
ELEGANTNÍ	

46 - Fruit

```
T  C  O  V  B  P  A  P  Á  J  A  Z  W  N
J  Ř  M  C  N  B  N  T  C  G  S  M  B  E
Z  W  E  O  S  M  A  V  O  K  Á  D  O  K
W  T  Ř  Š  N  U  N  K  I  W  I  I  B  T
U  W  U  I  E  V  A  M  A  N  G  O  U  A
E  G  Ň  C  J  Ň  S  M  F  B  V  B  L  R
C  Z  K  S  A  H  Y  E  A  O  S  R  E  I
F  I  A  V  B  R  B  L  B  L  D  T  H  N
D  D  T  H  L  O  O  O  E  E  I  K  H  K
H  S  X  R  K  Z  G  U  A  V  A  N  N  A
L  X  W  U  O  E  Z  N  O  V  D  Y  A  B
M  P  C  Š  E  N  O  R  A  N  Ž  O  V  Ý
N  W  W  K  N  J  L  B  A  N  Á  N  D  K
A  T  M  A  B  R  O  S  K  E  V  R  G  A
```

MERUŇKA	KIWI
ANANAS	MANGO
AVOKÁDO	MELOUN
BOBULE	NEKTARINKA
BANÁN	ORANŽOVÝ
TŘEŠEŇ	PAPÁJA
CITRON	BROSKEV
OBR	HRUŠKA
MALINA	JABLKO
GUAVA	HROZEN

47 - Surf

```
P  Ě  N  A  E  V  P  C  T  J  P  R  J  H
O  L  P  W  X  S  L  E  T  U  U  I  I  H
Č  U  Á  W  T  Í  A  N  T  D  S  T  Y  L
A  I  B  Ž  R  L  V  Š  A  M  P  I  Ó  N
S  C  T  K  É  A  A  U  T  P  O  A  R  B
Í  D  Ž  E  M  J  T  U  F  Á  R  A  O  Z
I  G  A  Y  N  Ú  T  E  S  D  T  S  H  U
B  E  L  V  Í  N  I  D  U  L  O  T  N  W
N  K  U  J  Y  F  C  D  M  O  V  B  D  H
F  O  D  Z  Á  B  A  V  A  A  E  M  A  G
T  J  E  X  H  T  C  M  L  O  C  E  Á  N
G  X  K  R  Y  C  H  L  O  S  T  G  H  H
Z  A  Č  Á  T  E  Č  N  Í  K  O  E  P  M
P  O  P  U  L  Á  R  N  Í  E  R  Z  K  I
```

ZÁBAVA	PLAVAT
SPORTOVEC	OCEÁN
ŠAMPIÓN	PÁDLO
ZAČÁTEČNÍK	PLÁŽ
ŽALUDEK	POPULÁRNÍ
EXTRÉMNÍ	ÚTES
SÍLA	STYL
DAVY	VLNA
POČASÍ	RYCHLOST
PĚNA	

48 - Technologie

```
S G X D I V I R T U Á L N Í
I O S X V L Ý S N P Í S M O
N B F S O Z T Z P R Á V A P
T R O T Z D R M K I T M Z R
E A T A W O J W U U W K U O
R Z O T B A P K V O M N A H
N O A I L A R U I U F P Y L
E V P S O M J E R Y N E I Í
T K A T G F U T U J U T K Ž
F A R I E G B W S I B L U E
T D Á K O L F S O U B O R Č
D A T A R V R A W H P F Z G
B E Z P E Č N O S T N Í O I
H F L G L P O Č Í T A Č R V
```

BLOG
FOTOAPARÁT
KURZOR
DATA
OBRAZOVKA
SOUBOR
INTERNET
SOFTWARE
ZPRÁVA

PROHLÍŽEČ
BAJT
POČÍTAČ
PÍSMO
VÝZKUM
BEZPEČNOSTNÍ
STATISTIKA
VIRTUÁLNÍ
VIRUS

49 - Météo

```
I D J N X W N S U W T L T L
F T B G H V L U W O U E O J
V X S P G T Y C F C X D R L
Y H U Z V A S H L S L T N H
D J K Y U Á H Ý R I B X Á E
S M L H A T N T O O K W D P
U O I U Y R F E F P M B O T
C N D R M O E P K O T Y C R
H Z N I C P W L N L I B D M
O U I K Z I W O E Á I L U R
J N T Á H C V T B R S M H A
I F L N E K W A E N X X A K
B O U Ř E Ý P B V Í T R S Y
O I I A T M O S F É R A C G
```

DUHA

ATMOSFÉRA

VÁNEK

MLHA

UKLIDNIT

NEBE

KLIMA

LED

MONZUN

MRAK

HURIKÁN

POLÁRNÍ

SUCHÝ

SUCHO

TEPLOTA

BOUŘE

HROM

TORNÁDO

TROPICKÝ

VÍTR

50 - Châteaux

```
F  C  L  Ř  B  Z  K  K  S  K  P  J  K  B
E  R  U  P  Í  V  Ů  I  A  A  D  E  R  U
U  J  R  N  A  Š  Ň  W  E  T  T  D  Á  Š
D  P  R  I  N  C  E  Z  N  A  J  N  L  L
Á  I  Y  V  Ě  Ž  C  B  D  P  P  O  O  E
L  Š  T  Í  T  G  S  R  B  U  O  R  V  C
N  G  Í  V  L  K  K  O  Y  L  D  O  S  H
Í  B  Ř  K  G  P  O  J  P  T  R  Ž  T  T
D  I  H  R  R  A  R  C  E  B  A  E  V  I
S  T  Ě  N  A  L  U  I  V  M  K  C  Í  L
K  V  W  P  N  Á  N  K  N  D  E  O  S  Ý
R  H  L  I  P  C  A  I  O  C  S  Č  V  J
D  Y  N  A  S  T  I  E  S  R  R  W  H  W
V  V  N  L  M  J  C  H  T  R  Y  X  Z  I
```

ZBROJ	FEUDÁLNÍ
ŠTÍT	PEVNOST
KATAPULT	JEDNOROŽEC
KŮŇ	STĚNA
RYTÍŘ	UŠLECHTILÝ
KORUNA	PALÁC
DRAK	PRINC
DYNASTIE	PRINCEZNA
ŘÍŠE	KRÁLOVSTVÍ
MEČ	VĚŽ

51 - Randonnée

```
O Z Z Z R M K F R K L I M A
P R D S D V S L A E Z P Z C
U Y I S U M M I T M O O V V
P H V E U R K I J P N Č Í O
K Ú O M N M I L H O R A Ř D
Y T K W A T A R M V M S A A
X E Ý O V Ě A P I Á G Í T P
K S I M E Ž U C A N Y L A R
R A J H N K G A E Í E W H Ů
G T M K Ý Ý S L U N C E P V
P B M E P Ř Í P R A V A A O
S H J V N P Ř Í R O D A R D
V X B O T Y V V A E U U K C
E B Z E A F J Y D W D E Y E
```

ZVÍŘATA	POČASÍ
BOTY	HORA
KEMPOVÁNÍ	PŘÍRODA
MAPA	ORIENTACE
KLIMA	PARKY
VODA	KAMENY
ÚTES	PŘÍPRAVA
UNAVENÝ	DIVOKÝ
PRŮVODCE	SLUNCE
TĚŽKÝ	SUMMIT

52 - Meubles

```
A  G  J  H  F  U  T  O  N  U  N  A  H  U
M  A  T  R  A  C  E  T  H  A  R  R  O  P
A  U  E  G  Z  L  R  F  U  Y  M  M  U  K
A  Č  L  M  C  R  A  I  C  M  W  O  P  O
J  B  A  I  Y  A  C  D  A  C  G  I  A  B
V  K  V  X  P  F  L  A  M  P  A  R  C  E
K  N  I  H  O  V  N  A  D  O  K  E  Í  R
Ž  J  C  Y  L  N  M  F  F  L  P  E  S  E
P  I  E  E  I  M  X  D  X  Š  O  Z  Í  C
K  O  D  D  C  P  H  H  G  T  L  Á  T  L
I  G  S  L  E  N  P  D  A  Á  Š  V  L  G
X  C  D  T  E  Z  H  O  X  Ř  T  Ě  S  X
P  R  Á  D  E  L  N  Í  K  E  Á  S  B  G
H  K  Ř  E  S  L  O  N  D  Y  Ř  Y  N  V
```

ARMOIRE	FUTON
LAVICE	HOUPACÍ SÍT
KNIHOVNA	LAMPA
GAUČ	POSTEL
ŽIDLE	MATRACE
PRÁDELNÍK	ZRCADLO
POLŠTÁŘE	POLŠTÁŘ
POLICE	ZÁVĚSY
KŘESLO	KOBEREC

53 - Art

```
I  K  V  O  H  Z  A  O  K  T  N  X  V  H
S  S  E  Ý  S  Y  M  B  O  L  Z  F  Y  F
E  U  V  R  R  P  V  U  M  O  M  H  V  B
P  R  Y  N  A  A  F  N  P  S  G  B  J  V
Ů  R  L  Á  P  M  Z  S  L  O  Ž  E  N  Í
V  E  Í  L  W  A  I  O  E  B  C  K  P  P
O  A  Č  A  L  L  S  C  X  N  M  C  H  O
D  L  I  D  D  B  S  H  K  Í  O  U  U  S
N  I  T  A  R  Y  S  A  V  Ý  P  H  Z  T
Í  S  I  N  S  P  I  R  O  V  A  N  Ý  A
H  M  S  P  O  E  Z  I  E  D  T  L  I  V
K  U  V  Y  T  V  O  Ř  I  T  J  B  S  A
L  S  J  E  D  N  O  D  U  C  H  Ý  C  U
U  P  Ř  Í  M  N  Ý  P  Ř  E  D  M  Ě  T
```

KERAMICKÝ	PŮVODNÍ
KOMPLEX	MALBY
SLOŽENÍ	OSOBNÍ
VYTVOŘIT	POEZIE
VYLÍČIT	SOCHA
VÝRAZ	JEDNODUCHÝ
POSTAVA	PŘEDMĚT
UPŘÍMNÝ	SURREALISMUS
NÁLADA	SYMBOL
INSPIROVANÝ	

54 - Nutrition

```
Z  P  P  M  H  X  H  S  B  B  Z  S  T  L
D  U  R  L  Y  P  O  J  K  P  G  A  Y  Z
R  K  U  O  Z  N  R  H  O  M  R  C  A  R
A  T  V  K  T  J  K  P  Ř  Í  C  H  U  Ť
V  R  T  A  D  E  Ý  R  E  D  H  A  L  J
Í  Á  K  P  L  C  I  H  N  P  U  R  G  V
H  V  S  A  O  I  F  N  Í  E  Ť  I  T  H
M  E  M  L  L  E  T  C  Y  J  E  D  L  Ý
O  N  C  I  W  O  V  A  Z  D  R  A  V  Ý
T  Í  V  N  W  T  R  O  M  Á  Č  K  A  L
N  X  Y  Y  R  L  V  I  T  A  M  Í  N  R
O  E  J  V  Y  V  Á  Ž  E  N  Ý  Y  O  T
S  T  R  A  V  A  K  V  A  Š  E  N  Í  A
T  O  X  I  N  W  U  U  V  A  W  N  M  R
```

HORKÝ	KAPALINY
CHUŤ	HMOTNOST
KALORIE	PROTEINY
JEDLÝ	KVALITA
STRAVA	ZDRAVÝ
TRÁVENÍ	ZDRAVÍ
KOŘENÍ	OMÁČKA
VYVÁŽENÝ	PŘÍCHUŤ
KVAŠENÍ	TOXIN
SACHARID	VITAMÍN

55 - Science Fiction

```
R  F  K  G  K  N  I  H  Y  F  H  B  I  V
P  L  A  N  E  T  A  G  C  Z  T  H  M  Ý
F  Y  T  N  V  Ě  Š  T  E  C  N  W  A  B
U  O  O  U  T  E  I  L  U  Z  E  G  G  U
T  N  M  T  E  A  S  C  É  N  Á  Ř  I  C
U  Z  O  O  C  H  S  S  V  Ě  T  K  N  H
R  V  V  P  H  O  Y  T  V  M  X  I  Á  E
I  J  Ý  I  N  S  I  Z  I  F  B  N  R  X
S  R  U  E  O  F  C  H  D  C  D  O  N  T
T  R  E  A  L  I  S  T  I  C  K  Ý  Í  R
I  I  M  B  O  R  O  B  O  T  Y  Ý  Z  É
C  T  R  E  G  G  A  L  A  X  I  E  H  M
K  K  U  Y  I  O  H  E  Ň  B  S  S  Y  N
Ý  T  A  J  E  M  N  Ý  S  T  S  H  B  Í
```

ATOMOVÝ	KNIHY
KINO	SVĚT
VÝBUCH	TAJEMNÝ
EXTRÉMNÍ	VĚŠTEC
FANTASTICKÝ	PLANETA
OHEŇ	REALISTICKÝ
FUTURISTICKÝ	ROBOTY
GALAXIE	SCÉNÁŘ
ILUZE	TECHNOLOGIE
IMAGINÁRNÍ	UTOPIE

56 - Vertus #1

```
X  H  Y  E  R  U  Ú  V  J  X  C  I  D  S
H  R  T  B  W  M  P  Č  Á  Y  H  O  O  K
A  L  S  N  C  Ě  A  R  I  Š  X  X  B  R
Č  I  S  T  Ý  L  C  O  O  N  N  W  R  O
K  K  G  R  L  E  I  Z  K  E  N  I  É  M
D  G  I  X  E  C  E  H  O  Z  P  Ý  V  N
D  K  R  R  G  K  N  O  U  Á  R  O  Z  Ý
M  O  U  D  R  Ý  T  D  Z  V  A  C  K  E
Z  V  Ě  D  A  V  Ý  U  L  I  K  H  T  M
P  F  K  X  Č  E  I  J  U  S  T  O  K  E
W  D  Y  N  N  Y  N  Í  J  L  I  T  D  B
M  O  U  T  Í  T  N  C  Í  Ý  C  N  U  P
Š  T  Ě  D  R  Ý  I  Í  C  G  K  Ý  F  I
N  Á  P  A  D  I  T  Ý  Í  E  Ý  B  W  P
```

UMĚLECKÝ	NEZÁVISLÝ
DOBRÉ	SKROMNÝ
OKOUZLUJÍCÍ	VÁŠNIVÝ
ZVĚDAVÝ	PACIENT
ROZHODUJÍCÍ	PRAKTICKÝ
LEGRAČNÍ	ČISTÝ
ÚČINNÝ	MOUDRÝ
ŠTĚDRÝ	OCHOTNÝ
NÁPADITÝ	

57 - Professions #1

```
A  E  Z  J  H  U  P  P  H  A  G  H  V  I
K  D  C  R  B  F  I  S  U  S  E  A  H  N
A  I  V  V  M  E  A  Y  D  T  O  S  P  S
R  T  E  O  O  H  N  C  E  R  L  I  R  T
T  O  L  I  K  X  I  H  B  O  O  Č  L  A
O  R  V  T  I  Á  S  O  N  N  G  T  O  L
G  S  Y  V  D  M  T  L  Í  O  F  T  V  A
R  E  S  B  P  J  A  O  K  M  W  R  E  T
A  S  L  A  O  B  W  G  V  Ě  D  E  C  É
F  T  A  N  E  Č  N  Í  K  L  W  N  B  R
T  R  N  K  N  V  Z  C  K  É  O  É  B  S
N  A  E  É  W  S  C  K  U  K  F  R  I  W
R  Z  C  Ř  O  B  H  F  C  A  P  M  B  H
K  L  E  N  O  T  N  Í  K  Ř  C  A  E  P
```

VELVYSLANEC	GEOLOG
ASTRONOM	SESTRA
ADVOKÁT	LÉKAŘ
BANKÉŘ	HUDEBNÍK
KLENOTNÍK	PIANISTA
KARTOGRAF	INSTALATÉR
LOVEC	HASIČ
TANEČNÍK	PSYCHOLOG
TRENÉR	VĚDEC
EDITOR	

58 - Géologie

```
V F B L W J E C R X J K R K
R Á M S C G E J Z Í R Ř O O
F B P R O I K S Ů L B E Z N
E F X N I P Y S K P M M T T
E B P W Í R K T Á Y I E A I
Z Ó N A O K A A M U N N V N
P L O Š I N A L E X E Ě E E
F Y D W V C A A N O R T N N
V R S T V A O K O R Á L Ý T
H N D A H H Y T G B L B L Y
D A K Y S E L I N A Y E U B
M S L L N S Y T W K H I F T
F O S I L I E R O Z E E Y J
L Á V A K R Y S T A L Y U F
```

KYSELINA
VÁPNÍK
JESKYNĚ
KONTINENT
KORÁL
VRSTVA
KRYSTALY
EROZE
ROZTAVENÝ
FOSILIE

GEJZÍR
LÁVA
MINERÁLY
KÁMEN
PLOŠINA
KŘEMEN
SŮL
STALAKTIT
SOPKA
ZÓNA

59 - Cirque

```
L A R P H E B A K R O B A T
E Í Z Y H E T R O P I C E S
V F S O P Z H C U K Á Z A T
M Y L T S T A N Z H T I C Y
V S O E E O N P E K U V P G
K M N M Z K O R L B L D N R
R O M A G I E Ů N B Z Z B U
Ž U S U P R Z V Í Ř A T A A
O N R T Y C P O K Á Z A L Ý
N W Z X Ý P U D L S U R O V
G Y K J V M E B A V I T V W
L Z E D I V Á K U P I B F R
É B A L Ó N Y O N D N V U W
R W S B A M C U K J A Y W P
```

AKROBAT	KOUZELNÍK
ZVÍŘATA	MAGIE
BALÓNY	UKÁZAT
LÍSTEK	HUDBA
KLAUN	PRŮVOD
KOSTÝM	OPICE
BAVIT	OKÁZALÝ
SLON	DIVÁK
ŽONGLÉR	STAN
LEV	TYGR

60 - Jardin

```
T L P Z T P F O S S T R O M
E O U A S R L H A H K Y R Z
R P V H F O Á E D W G B Y D
A A K R K E Ř V V C L N Y Y
S T M A P Ů D A N E I Í V H
A A D D F B U Z K Í L K Í C
O E W A V D O O F H K M N F
H O U P A C Í S Í T H Y O R
P L O T R A M P O L Í N A B
H N L R R E H L J C Z B V I
R D U Á A M Z K V Ě T I N A
Á H B V G A R Á Ž C T W H G
B R D A H A D I C E B G O Z
Ě B Y E T L A V I C E L I O
```

STROM	PLEVEL
LAVICE	LOPATA
KEŘ	TRÁVNÍK
PLOT	HRÁBĚ
RYBNÍK	PŮDA
KVĚTINA	TERASA
GARÁŽ	TRAMPOLÍNA
HOUPACÍ SÍT	HADICE
TRÁVA	SAD
ZAHRADA	VÍNO

61 - Barbecues

```
D  A  P  Z  C  G  B  O  X  P  W  G  R  O
V  N  O  E  Y  T  Y  R  K  M  N  L  G  M
K  R  E  L  P  O  G  I  R  X  U  H  L  Á
S  E  Z  E  Z  Ř  V  I  N  C  Z  E  R  Č
P  M  N  N  O  Ž  E  O  P  Z  F  B  U  K
I  S  S  I  I  L  E  D  C  O  B  Ě  D  A
G  I  A  N  L  S  N  Ě  S  E  K  U  Ř  E
R  H  L  A  D  R  J  T  F  K  K  U  Z  F
I  I  Á  V  F  A  C  I  B  U  L  E  R  R
L  É  T  O  E  J  R  O  D  I  N  A  A  C
H  R  Y  Y  V  Č  S  Ů  L  H  O  R  K  Ý
T  C  U  A  X  A  E  V  M  U  V  H  E  O
W  W  C  V  H  T  W  Ř  H  U  D  B  A  K
G  P  N  E  L  A  Z  N  E  C  W  V  O  T
```

HORKÝ	HRY
NOŽE	ZELENINA
OBĚD	HUDBA
VEČEŘE	CIBULE
DĚTI	PEPŘ
LÉTO	KUŘE
HLAD	SALÁTY
RODINA	OMÁČKA
OVOCE	SŮL
GRIL	RAJČATA

62 - Anniversaire

```
C A P Í S E Ň H A J S M M Y
K L C W M B N A K U K C O Z
A L Y M R U K G G C C X U K
R U G I L Š Ť A S T N Ý D T
T O U L N A R O Z E N Ý R R
Y E K D V L D R Á P M V O A
S T D A R Y E Ý B D Í S S D
P O Z V Á N K Y A O Z V T O
P Ř Á T E L É G V R O Í A S
D E N H S P S J A T S Č W T
Y K A L E N D Á Ř F L K W N
Z V L Á Š T N Í X B A Y D Ý
K Y S V N L M E C C V P O V
T P M P X M H J Z Č A S M B
```

PŘÁTELÉ	DORT
ZÁBAVA	ŠŤASTNÝ
ROK	POZVÁNKY
SVÍČKY	MLADÝ
DAR	DEN
KALENDÁŘ	RADOSTNÝ
KARTY	NAROZENÝ
PÍSEŇ	MOUDROST
ZPÍVAT	ZVLÁŠTNÍ
OSLAVA	ČAS

63 - Animaux de Compagnie

```
M  I  Š  T  Ě  N  Ě  K  C  A  L  T  H  B
N  C  R  K  G  Z  Z  O  C  J  Í  D  L  O
D  H  Y  X  I  K  G  Z  Y  P  M  F  W  C
W  K  B  O  I  L  G  A  Y  Ž  E  Y  U  A
P  Z  A  Y  F  Y  K  V  C  E  C  S  D  S
K  R  Á  V  A  V  B  E  K  L  D  N  A  W
O  P  B  Z  V  H  H  T  V  P  E  N  I
Č  A  C  Ř  W  D  D  E  L  A  K  O  T  Ě
K  P  J  E  Š  T  Ě  R  K  A  I  L  W  L
A  O  T  M  N  V  W  I  Á  X  J  K  G  Y
O  U  H  Í  X  O  G  N  E  P  M  Y  K  O
C  Š  U  N  Z  D  X  Á  F  B  Y  A  L  E
U  E  A  E  T  A  J  Ř  E  A  Š  I  K  M
P  K  B  K  Ř  E  Č  E  K  R  Á  L  Í  K
```

KOČKA	KRÁLÍK
KOTĚ	JEŠTĚRKA
KOZA	JÍDLO
PES	PAPOUŠEK
ŠTĚNĚ	RYBA
LÍMEC	OCAS
VODA	MYŠ
DRÁPY	ŽELVA
KŘEČEK	KRÁVA
ŘEMÍNEK	VETERINÁŘ

64 - Forêt Tropicale

```
Ú  C  T  A  P  P  Ů  V  O  D  N  Í  C  Ú
Z  V  M  S  N  Z  T  N  W  T  L  S  D  T
Y  Z  A  C  H  O  V  Á  N  Í  D  A  C  O
P  Ř  Í  R  O  D  A  J  C  C  R  V  E  Č
B  O  T  A  N  I  C  K  Ý  I  U  C  N  I
V  E  E  X  L  V  E  O  F  P  H  I  N  Š
S  P  O  L  E  Č  E  N  S  T  V  Í  Ý  T
K  H  Z  N  S  A  M  T  D  B  P  H  I  Ě
L  O  W  H  L  H  E  W  Ž  U  Ř  M  Z  N
I  S  Y  V  Z  N  C  W  U  M  E  Y  S  B
M  R  U  V  X  T  H  P  N  R  Ž  Z  N  M
A  W  J  Z  O  F  X  W  G  A  I  F  Y  M
O  B  N  O  V  E  N  Í  L  K  T  J  F  Z
Y  M  I  U  U  U  D  D  E  Y  Í  Y  P  Z
```

BOTANICKÝ	PŘÍRODA
KLIMA	MRAKY
SPOLEČENSTVÍ	PTÁCI
DRUH	CENNÝ
PŮVODNÍ	ZACHOVÁNÍ
HMYZ	ÚTOČIŠTĚ
DŽUNGLE	ÚCTA
SAVCI	OBNOVENÍ
MECH	PŘEŽITÍ

65 - Insectes

```
M Z G E D Y C J W S B R Y U
J L P E W H P G V Č E L A B
M A N T I S A O B X R X K F
Š O X D P R W B E L U N Z W
I I T E R M I T T O Š I I K
C M C Ý O Y D E S L K N X O
E R M I L A R V A C A L V B
B A N M K O M Á R B P U O Y
C V H Š V Á B Ž F E R I S L
A E Y I Y W D K X C A O A K
C N V C L V M A N E G R U A
R E Č E R V N O V R I Y I K
I C R B L E C H A V B S S F
S R Š E Ň W O W B B L Y J F
```

VČELA	MANTISA
ŠVÁB	KOMÁR
CIKÁDA	MOTÝL
BERUŠKA	BLECHA
MRAVENEC	MŠICE
SRŠEŇ	KOBYLKA
VOSA	BROUK
LARVA	TERMIT
VÁŽKA	ČERV

66 - Ferme #1

```
H O B O O F U K O Z A K N V
P H I K H U T Ů U X U O I H
A N U Z T W D Ň J Ř O Č O J
P O L E K R Á V A H E K K U
P J L M Z G B B A B W A X V
V I V Ě Y Z C Y L I N P P G
Y V K D P L O T Z Z P C E O
F O L Ě A C X S V O D A S D
T L G L C X O E T N R Ý Ž E
X S P S D I S N M Á Z G B X
N A M T U J E O S E D O T E
E E J V Č E L A R P D O E M
D L W Í V R Á N A N E S L T
T G A B Y F W T R O J H E B
```

VČELA	VRÁNA
ZEMĚDĚLSTVÍ	VODA
OSEL	HNOJIVO
BIZON	SENO
POLE	MED
KOČKA	KUŘE
KŮŇ	RÝŽE
KOZA	STÁDO
PES	KRÁVA
PLOT	TELE

67 - Escalade

```
M  N  B  X  Z  T  C  O  B  U  K  D  Š  O
R  T  B  T  V  S  U  P  Y  C  J  L  K  D
U  E  V  C  Ě  R  T  R  K  V  G  F  O  B
H  R  V  S  D  P  U  A  I  E  B  N  L  O
E  É  E  W  A  R  G  K  B  S  W  C  E  R
L  N  O  T  V  Ů  C  K  A  I  T  G  N  N
M  A  P  A  O  V  D  B  T  V  L  I  Í  Í
A  E  F  U  S  O  V  Ú  M  F  I  I  K  K
S  Í  L  A  T  D  Ý  Z  O  Y  F  C  T  A
N  P  K  L  Z  C  Z  K  S  Z  R  M  E  A
B  O  T  Y  X  E  V  Ý  F  I  B  E  E  U
A  N  G  N  I  Z  Y  L  É  C  S  U  I  U
M  J  E  S  K  Y  N  Ě  R  K  S  M  S  X
Z  R  A  N  Ě  N  Í  R  A  Ý  F  J  P  K
```

ATMOSFÉRA
ZRANĚNÍ
BOTY
MAPA
HELMA
ZVĚDAVOST
VÝZVY
ODBORNÍK
ÚZKÝ

SÍLA
ŠKOLENÍ
RUKAVICE
JESKYNĚ
PRŮVODCE
FYZICKÝ
TURISTIKA
STABILITA
TERÉN

68 - École #2

```
V K N I H Y Č T E N Í X U Y
Z N P A P Í R I V R R A N L
D I J A U H M J N X N Z Ů V
Ě H R Y U Č E N Í N D U Ž A
L O G Z M T I B V U O I K A
Á V R K A Y O T J C L S Y A
V N A U T F M B E G L F T P
Á A M B E P F G U L B F K I
N F A W M O T M V S S O G W
Í N T K A Č V U Ě W R V P N
G V I X T Í O H D L X Z S C
E P K L I T E R A T U R A R
V I A G K A L E N D Á Ř N A
T U Ž K A Č M S L O V N Í K
```

ČINNOSTI	VZDĚLÁVÁNÍ
UČENÍ	GRAMATIKA
KNIHOVNA	HRY
AUTOBUS	ČTENÍ
KALENDÁŘ	LITERATURA
NŮŽKY	KNIHY
TUŽKA	MATEMATIKA
SLOVNÍK	POČÍTAČ
UČITEL	PAPÍR
PSANÍ	VĚDA

69 - Antarctique

```
C  H  C  J  L  Z  L  U  E  G  O  Z  M  Z
Z  A  C  H  O  V  Á  N  Í  F  S  E  R  R
B  V  J  T  A  O  X  L  H  D  T  M  A  P
T  O  P  O  G  R  A  F  I  E  R  Ě  K  R
T  E  P  L  O  T  A  M  M  V  O  P  Y  F
V  L  E  D  Y  S  M  H  I  C  V  I  P  S
Ý  E  O  V  R  V  J  M  N  G  Y  S  E  Z
Z  X  L  E  D  O  V  C  E  O  R  U  U  V
K  P  O  L  O  O  S  T  R  O  V  A  F  Ě
U  E  N  R  Y  F  P  T  Á  C  I  U  C  D
M  D  T  Y  V  O  D  A  L  M  Z  L  K  E
N  I  V  B  Y  G  S  M  Y  M  B  E  A  C
Í  C  E  Y  K  O  N  T  I  N  E  N  T  K
K  E  S  K  A  L  N  A  T  Ý  T  H  C  Ý
```

ZÁLIV	OSTROVY
VELRYBY	MIGRACE
VÝZKUMNÍK	MINERÁLY
ZACHOVÁNÍ	MRAKY
KONTINENT	PTÁCI
VODA	POLOOSTROV
EXPEDICE	SKALNATÝ
ZEMĚPIS	VĚDECKÝ
LED	TEPLOTA
LEDOVCE	TOPOGRAFIE

70 - Professions #2

```
I  L  U  S  T  R  Á  T  O  R  U  K  D  I
C  A  S  T  R  O  N  A  U  T  Y  H  E  N
Y  H  V  Y  N  Á  L  E  Z  C  E  J  T  Ž
C  P  I  L  O  T  S  Z  P  S  A  E  E  E
J  K  F  R  V  Ý  Z  K  U  M  N  Í  K  N
W  U  I  V  U  C  S  N  X  B  K  C  T  Ý
M  A  L  Í  Ř  R  H  I  N  U  A  K  I  R
B  M  O  O  A  K  G  H  U  W  J  Ř  V  C
L  I  Z  T  U  I  N  O  V  I  N  Á  Ř  W
É  A  O  E  A  Y  U  V  Z  O  O  L  O  G
K  B  F  L  P  L  I  N  G  V  I  S  T  A
A  M  X  E  O  W  Y  Í  U  Č  I  T  E  L
Ř  Y  M  S  C  G  C  K  E  N  V  F  C  C
F  O  T  O  G  R  A  F  E  S  E  Z  K  R
```

ASTRONAUT   VYNÁLEZCE
KNIHOVNÍK   NOVINÁŘ
BIOLOG   LINGVISTA
VÝZKUMNÍK   LÉKAŘ
CHIRURG   MALÍŘ
ZUBAŘ   FILOZOF
DETEKTIV   FOTOGRAF
UČITEL   PILOT
ILUSTRÁTOR   ZOOLOG
INŽENÝR

71 - Les Abeilles

```
K  X  Z  J  Í  D  L  O  A  O  H  B  E  P
V  T  U  A  S  M  V  T  U  R  M  J  K  Ř
Ě  V  X  X  H  V  K  O  O  O  Y  Z  V  Í
T  E  E  V  Y  R  O  J  K  S  Z  G  Ě  Z
O  F  R  O  Z  M  A  N  I  T  O  S  T  N
H  M  S  K  O  N  K  D  V  L  B  L  I  I
S  R  E  Y  A  Z  M  S  A  I  T  U  N  V
K  Ř  Í  D  L  A  D  O  M  N  K  N  Y  Ý
G  T  A  Ú  K  O  U  Ř  P  Y  L  C  E  G
K  R  Á  L  O  V  N  A  M  Z  U  E  I  K
V  E  S  Y  V  B  O  P  Y  L  O  V  A  Č
Z  K  E  K  O  S  Y  S  T  É  M  R  R  T
D  P  Z  H  C  D  P  A  K  W  D  T  J  D
B  M  A  Y  E  S  J  L  I  O  N  S  R  E
```

KŘÍDLA	HMYZ
PŘÍZNIVÝ	ZAHRADA
VOSK	MED
ROZMANITOST	JÍDLO
ROJ	ROSTLINY
EKOSYSTÉM	PYL
KVĚT	OPYLOVAČ
KVĚTINY	KRÁLOVNA
OVOCE	ÚL
KOUŘ	SLUNCE

72 - Dinosaures

```
K  C  Y  K  M  O  H  R  E  H  H  Z  Y  A
Ř  Z  X  M  O  B  R  O  V  S  K  Ý  H  F
Í  M  S  R  P  Ř  F  N  D  A  P  Z  A  P
D  I  Z  E  M  Ě  I  P  C  Z  N  L  M  B
L  Z  A  D  A  I  U  S  I  L  N  Ý  A  O
A  E  D  R  Y  F  O  J  T  O  C  A  S  Z
R  N  T  U  V  W  W  H  W  B  E  X  O  F
R  Í  R  H  T  F  U  U  Y  E  M  K  Ž  O
V  Š  E  Ž  R  A  V  E  C  O  A  G  R  S
B  Ý  L  O  Ž  R  A  V  E  C  M  C  A  Í
P  K  V  E  L  I  K  O  S  T  U  H  V  L
C  F  I  O  X  V  E  L  K  Ý  T  X  E  I
O  C  T  S  J  L  M  D  R  A  V  E  C  E
P  R  E  H  I  S  T  O  R  I  C  K  Ý  C
```

KŘÍDLA	VŠEŽRAVEC
MASOŽRAVEC	PREHISTORICKÝ
ZMIZENÍ	KOŘIST
DRUH	SILNÝ
OBROVSKÝ	OCAS
VÝVOJ	DRAVEC
FOSÍLIE	PLAZ
VELKÝ	VELIKOST
BÝLOŽRAVEC	ZEMĚ
MAMUT	ZLÝ

73 - Conduite

```
S  J  E  P  D  P  T  X  B  X  I  K  Z  L
J  H  A  U  T  O  Ě  F  J  F  I  N  I  I
Z  N  S  J  K  L  P  Š  F  G  X  S  J  C
H  A  U  A  E  I  Z  R  Í  U  R  I  M  E
M  O  T  O  R  C  Z  Y  A  S  P  L  T  N
A  O  X  J  X  I  R  C  N  V  G  N  U  C
P  S  T  X  C  E  E  H  Á  H  A  I  N  E
A  S  R  O  J  M  J  L  K  E  R  C  E  A
P  L  Y  N  C  A  I  O  L  R  Á  E  L  M
B  R  Z  D  Y  Y  W  S  A  U  Ž  M  I  P
P  A  L  I  V  O  K  T  Ď  H  B  X  T  N
P  R  O  V  O  Z  B  L  Á  R  X  J  U  Y
N  E  H  O  D  A  L  R  K  B  X  O  D  I
B  E  Z  P  E  Č  N  O  S  T  E  Y  X  U
```

NEHODA	PĚŠÍ
NÁKLAĎÁK	POLICIE
PALIVO	SILNICE
MAPA	BEZPEČNOST
BRZDY	PROVOZ
GARÁŽ	DOPRAVA
PLYN	TUNEL
LICENCE	RYCHLOST
MOTOR	AUTO
MOTOCYKL	

74 - Plantes

```
B K P E P X Y X L G X D N B
O A W A X P W K S I C F C O
B K M E C H B Ř E Č Ť A N T
U T Y B F L Ó R A Ř I Z A A
L U I S U T R Á V A V O L N
E S B J A S R P R D K L E I
K O Ř E N E L Ů F U L E S K
Z A H R A D A D S P I V K A
V J T Z P T K L E T S T U E
E R K V Ě T I N A S T I E I
V E G E T A C E S T O N E K
S R O H J H O B F R U R N E
D G O L N P F S I O K C O J
H N O J I V O E H M L G U O
```

STROM	LES
BOBULE	RŮST
BAMBUS	FAZOLE
BOTANIKA	TRÁVA
KEŘ	ZAHRADA
KAKTUS	BŘEČŤAN
HNOJIVO	MECH
LIST	KOŘEN
KVĚTINA	STONEK
FLÓRA	VEGETACE

75 - Ferme #2

```
K H J E H N Ě Č Í N A M P V
B Z V Í Ř A T A T F Ú L O S
Z E M Ě D Ě L E C J H É E P
D J W J Z L A M A E V K L B
E S Z U A L O V C E S O D F
S T O D O L A P Š E N I C E
P E K Z A V L A Ž O V Á N Í
V A J U L O U K A V T K Z I
E R S G K D P E D O R A S U
E S A T V U L M P C A C L B
F V D D Ý J Ř J L E K H G K
R G D F R Ř K I S A T N H U
Z E L E N I N A C N O A G L
G P F J E Č M E N E R D Z L
```

JEHNĚČÍ	LAMA
ZEMĚDĚLEC	ZELENINA
ZVÍŘATA	KUKUŘICE
PASTÝŘ	OVCE
PŠENICE	JÍDLO
KACHNA	JEČMEN
OVOCE	LOUKA
STODOLA	ÚL
ZAVLAŽOVÁNÍ	TRAKTOR
MLÉKO	SAD

76 - École #1

```
U N G W F H C O U Č I T E L
K P A B E C E D A P E R A F
N N A P P J Z P Ř Á T E L É
I B I P G D K O S L O Ž K Y
H E T H Í G O V R P O I V C
O B P I Y R U Ě A W B D Í B
V O B Ě D W Š D S T R L Z I
N B H G F Č K I B K A E P N
A B E E U Í Y E L N I M W O
J T F I T S Z X X A X X G E
N Ř U L E L K N V M N P K I
A Í K Ž M A T E M A T I K A
F D M U K T E L A V I C E J
V A Z Á B A V A I T O Z C D
```

ABECEDA	UČITEL
PŘÁTELÉ	ZKOUŠKY
ZÁBAVA	KNIHY
KNIHOVNA	MATEMATIKA
LAVICE	ČÍSLA
ŽIDLE	PAPÍR
TUŽKA	KVÍZ
PERA	ODPOVĚDI
OBĚD	TŘÍDA
SLOŽKY	

77 - Vacances #2

```
R E Z E R V A C E Y N C A L
P D P L Á Ž S P H O T E L E
K E M P O V Á N Í P P S B T
D S O S T G Í N N N V T W I
O T Ř S T A N Z I Z L O W Š
V I E M F E X P U H A V V T
O N P G A X T I R M K N N Ě
L A D K C P E S A K J Í B H
E C E S T A A E B V U P H W
N E S I T V O L N Ý Č A S Z
Á C I Z I N E C O S B S F W
X F R E S T A U R A C E V D
S L V F X D O P R A V A G R
O I X N X O T P O S T R O V
```

LETIŠTĚ	PLÁŽ
KEMPOVÁNÍ	RESTAURACE
MAPA	REZERVACE
DESTINACE	TAXI
CIZINEC	STAN
HOTEL	VLAK
OSTROV	DOPRAVA
VOLNÝ ČAS	DOVOLENÁ
MOŘE	VÍZUM
CESTOVNÍ PAS	CESTA

78 - Temps

```
B  P  O  M  K  P  Z  L  W  T  R  T  J  D
U  Ř  K  B  Ě  A  M  P  O  L  E  D  N  E
D  E  N  R  U  S  L  T  M  N  S  E  H  S
O  D  I  Z  V  A  Í  E  Ý  F  G  H  O  E
U  C  L  Y  R  O  K  C  N  D  T  G  D  T
C  K  O  D  Y  J  F  M  A  D  E  X  I  I
N  T  E  Ď  H  K  W  W  C  O  Á  N  N  L
O  P  B  H  O  V  N  O  C  O  N  Ř  Y  E
S  Z  P  V  D  Z  Z  C  R  W  W  J  H  T
T  U  V  R  I  I  K  T  O  N  E  M  O  Í
L  M  R  R  N  N  E  V  Č  E  R  A  V  H
H  B  Á  M  A  A  M  I  N  U  T  A  N  I
Z  I  N  D  V  K  F  M  Í  X  P  V  M  P
U  C  O  S  T  O  L  E  T  Í  N  P  E  M
```

ROK	HODINY
ROČNÍ	DEN
PO	TEĎ
PŘED	RÁNO
BRZY	POLEDNE
KALENDÁŘ	MINUTA
DESETILETÍ	MĚSÍC
BUDOUCNOST	NOC
HODINA	TÝDEN
VČERA	STOLETÍ

79 - Maison

```
T C I G A T P B W C S Y H K
Y R T J I A V O D F U E I U
K N I H O V N A D I T W K C
S A Y P K Z G L S K E N L H
U M K F N A S A P Z R K C Y
I G N Y O H Y K R T É O T N
L Z W L Z R G T C Á N B V Ě
I R O W N A S I H Z Ž E J Í
C C T A Z D T A A Á K R B V
L A M P A A Ř V J V O E V A
P D D V E Ř E F Z Ě Š C P B
K L Í Č E Y C K G S T R O P
Y O O Y X X H N L Y Ě B U U
C N S T Ě N A H F T L P F A
```

KOŠTĚ	ZAHRADA
KNIHOVNA	LAMPA
KRB	ZRCADLO
KLÍČE	STĚNA
PLOT	STROP
KUCHYNĚ	DVEŘE
SPRCHA	ZÁVĚSY
OKNO	SUTERÉN
GARÁŽ	KOBEREC
PODKROVÍ	STŘECHA

80 - Légumes

```
N X L N Č E S N E K E N E P
T F P E B R A J Č E J W M E
H A G Z R D Ý N Ě I Z T M T
Z I Y S O A L T R K B T R R
M N N A K U Š W U M K G K Ž
T Z T L O Ř P C T Ř M X E E
H K G Á L L E O D V Í L V L
O R Z T I I N D W B D N O Z
U J Á X C L Á N K C E L E R
B D Z Š E E T X V E S U K O
A J V R E K E M N W V A Y L
R Y O C B K C I B U L E G I
B X R Š A L O T K A H T O V
O K U R K A R T Y Č O K S A
```

ČESNEK
ARTYČOK
LILEK
BROKOLICE
MRKEV
CELER
HOUBA
DÝNĚ
OKURKA
ŠALOTKA

ŠPENÁT
ZÁZVOR
TUŘÍN
CIBULE
OLIVA
PETRŽEL
HRÁŠEK
ŘEDKEV
SALÁT
RAJČE

81 - Plage

```
R L O Ď D O F U Y K L J C J
U H A V O E P O B Ř E Ž Í Y
Č P W G K B Š S A N D Á L Y
N D A Y U S W T Z D G X D W
Í E F I T N N R N F Z D B Z
K J N K L C A O D Í V D V S
P W K T E F R V N B K M B L
K D O V O L E N Á J G K P U
M F R C P Í S E K M O Ř E N
O Z Ú T E S M P R G Y N X C
D F B L W Á P L A V A T S E
R X Y I D R N A B V J X V W
Ý P L A C H E T N I C E L K
S A H A L W E H O S L F R N
```

LOĎ	OCEÁN
MODRÝ	DEŠTNÍK
POBŘEŽÍ	ÚTES
KRAB	PÍSEK
DOK	SANDÁLY
OSTROV	RUČNÍK
LAGUNA	SLUNCE
MOŘE	DOVOLENÁ
PLAVAT	PLACHETNICE

82 - Famille

```
T E T A T D B A B I Č K A M
O T Y P Z V G R B V H N X A
D M A N Ž E L K A O C N G T
X B S Y N O V E C T R E G E
P Ř E D E K W S E E R X V Ř
Z W S Ě Ě O Z I V C G J Z S
U F T D Ě T S T V Í J J L K
A D R E W C I M A N Ž E L Ý
K R A Č Y O D A S E O I J U
M T G E F V N T S T R Ý C H
D N N K L S L K G E X K L L
I Í A U L K K A I Ř T N S G
F K T B E Ý Z D C E R A O J
G O F Ě B R A T R A N E C D
```

PŘEDEK   MANŽEL
BRATRANEC   MATEŘSKÝ
DĚTSTVÍ   MATKA
DÍTĚ   SYNOVEC
DĚTI   NETEŘ
MANŽELKA   STRÝC
DCERA   OTCOVSKÝ
BRATR   OTEC
BABIČKA   SESTRA
DĚDEČEK   TETA

83 - Oiseaux

```
K U K A Č K A D W B X V H C
V J N V L U Y N F V A J O T
R E J S G P Š T R O S P L U
A C J O Z V O L A V K A U K
B D P C S U M A C K U P B A
E C F I E D P B E X Ř O I N
C H V P G E B U K H E U C P
H H O L U B N Ť B P Z Š E X
F I Č K P O P M L N P E F B
Z U Á O A Á T U Č Ň Á K C O
B B P Z R H C V G K W H L G C
X M M E G K H K O Z U I K O
I P E L I K Á N R C S J S J
V R Á N A Y N P A H A V S K
```

OREL	VRABEC
PŠTROS	RACEK
KACHNA	VEJCE
ČÁP	HUSA
HOLUBICE	PÁV
VRÁNA	PAPOUŠEK
KUKAČKA	PELIKÁN
LABUŤ	HOLUB
VOLAVKA	KUŘE
TUČŇÁK	TUKAN

84 - Disciplines Scientifiques

```
B  I  O  L  O  G  I  E  G  B  I  F  B  T
M  J  O  S  B  F  H  N  E  M  D  U  I  E
R  B  E  H  E  Y  K  E  O  S  M  T  O  R
W  E  L  C  S  Z  E  U  L  O  I  I  C  M
Z  C  H  E  M  I  E  R  O  C  N  M  H  O
A  R  C  H  E  O  L  O  G  I  E  E  E  D
N  P  P  M  X  L  S  L  I  O  R  C  M  Y
A  U  J  K  P  O  S  O  E  L  A  H  I  N
T  K  R  M  K  G  P  G  M  O  L  A  E  A
O  M  T  E  W  I  T  I  B  G  O  N  Y  M
M  R  M  L  V  E  R  E  T  I  G  I  Y  I
I  E  K  O  L  O  G  I  E  E  I  K  S  K
E  I  M  U  N  O  L  O  G  I  E  A  A  A
Z  B  O  T  A  N  I  K  A  H  V  P  R  O
```

ANATOMIE	IMUNOLOGIE
ARCHEOLOGIE	MECHANIKA
BIOCHEMIE	MINERALOGIE
BIOLOGIE	NEUROLOGIE
BOTANIKA	FYZIOLOGIE
CHEMIE	SOCIOLOGIE
EKOLOGIE	TERMODYNAMIKA
GEOLOGIE	

85 - Émotions

```
J  L  R  D  H  M  K  M  X  X  K  C  X  S
V  E  X  J  F  B  S  S  U  G  L  S  R  P
H  N  Ě  V  U  K  L  I  D  N  I  T  L  O
W  R  U  V  O  L  N  Ě  N  Ý  D  R  J  K
M  Í  R  D  M  C  S  Ě  F  F  K  A  H  O
S  Y  M  P  A  T  I  E  H  X  L  C  K  J
L  A  S  K  A  V  O  S  T  A  P  H  Z  E
X  D  F  M  C  J  S  V  Ú  L  E  V  A  N
O  B  S  A  H  H  M  D  J  R  Á  B  K  Ý
G  R  O  T  G  V  U  Ě  X  A  T  S  F  D
M  S  J  D  L  K  T  Č  H  D  F  C  K  M
S  V  Z  R  U  Š  E  N  Ý  O  D  B  F  A
L  Z  F  B  G  Z  K  Ý  O  S  Y  E  V  H
A  P  Ř  E  K  V  A  P  I  T  Y  J  V  S
```

LÁSKA	STRACH
UKLIDNIT	VDĚČNÝ
HNĚV	ÚLEVA
OBSAH	SPOKOJENÝ
UVOLNĚNÝ	PŘEKVAPIT
NUDA	SYMPATIE
VZRUŠENÝ	NĚHA
LASKAVOST	KLID
RADOST	SMUTEK
MÍR	

86 - Géographie

```
B K X P R K J S Z O F Z R F
M Ě S T O J Ú I L S W E E I
N N N J V L Z L H T X M G L
Z P Y K N Z E U A R J Ě I U
E S U V Í B M D K O A K O B
M O Ř E K R Í K N V K O N W
Ě Z E X O A M D Z Í C U T E
F Á K X N O C E Á N K L B X
K P A S T H S V Ě T Z E N H
C A O I I A O S E V E R N Í
H D F S N M T R B G X T U W
P D C A E A L A A T L A S J
N V Z J N P O L O K O U L E
X G J G T A I I N H X G Z F
```

ATLAS   SVĚT
MAPA   HORA
KONTINENT   SEVERNÍ
ROVNÍK   OCEÁN
ŘEKA   ZÁPAD
ZEMĚKOULE   ZEMĚ
POLOKOULE   REGION
OSTROV   JIH
MOŘE   ÚZEMÍ
POLEDNÍK   MĚSTO

87 - Danse

```
A V I Z U Á L N Í I E X S P
K L A S I C K Ý J T C A K A
A O T X N Z Z N L X Ě F O R
D E X P R E S I V N Í L K T
E A E C M I L O S T I A O N
M P T D T N H N U T Í O O E
I C H O R E O G R A F I E R
E E W Z A C D K Y X N S K R
K M N K D I P U M Ě N Í Z Y
N O F O I K U L T U R N Í T
E C W U Č O F T H U D B A M
Z E O Š N W W U O W P C Z U
G T E K Í R E R Z O C E U S
D P F A R G R A D O S T N Ý
```

AKADEMIE
UMĚNÍ
CHOREOGRAFIE
KLASICKÝ
TĚLO
KULTURA
KULTURNÍ
EXPRESIVNÍ
EMOCE
MILOST

RADOSTNÝ
HNUTÍ
HUDBA
PARTNER
ZKOUŠKA
RYTMUS
SKOK
TRADIČNÍ
VIZUÁLNÍ

88 - Bâtiments

```
T O V Á R N A A S P V K V T
H R A D Í L N A K F W I Ě R
S H N S T O D O L A K F Ž N
K T D T X G N I H O T E L U
O A A M V A E M V Y A B V N
B L B N M R M U D A A W M I
S A Y I N Á O Z L M D U Š V
E B T D N Ž C E P C R L K E
R O D J T A N U U P S Z O R
V R Y C E M I M T S L B L Z
A A H J R S C Z A U N A A I
T T F S U P E R M A R K E T
O O D D X K I N O R B P B A
Ř Ř S T A D I Ó N J O O T V
```

BYT	LABORATOŘ
DÍLNA	MUZEUM
KABINA	OBSERVATOŘ
HRAD	STADIÓN
KINO	SUPERMARKET
ŠKOLA	STAN
GARÁŽ	DIVADLO
STODOLA	VĚŽ
NEMOCNICE	UNIVERZITA
HOTEL	TOVÁRNA

89 - Pêche

```
J  H  Ř  O  C  E  Á  N  Á  V  N  A  D  A
Z  E  S  E  Z  Ó  N  A  U  B  D  S  T  V
U  D  Z  X  K  V  T  Y  A  Ž  Á  B  R  Y
X  R  N  E  I  A  O  O  B  Č  G  A  P  O
B  Á  E  E  R  B  J  D  V  E  S  B  Ě  I
A  T  Y  O  C  O  V  B  A  L  R  R  L  C
H  M  O  T  N  O  S  T  Ř  I  I  X  I  M
K  O  Š  Í  K  P  Z  D  I  S  T  X  V  R
H  Á  K  Y  H  L  X  P  T  T  V  G  O  E
G  Z  R  S  L  Á  I  U  M  G  A  U  S  N
U  K  J  P  W  Ž  D  J  S  X  D  B  T  G
P  Ř  E  H  Á  N  Ě  N  Í  T  P  E  E  U
L  O  Ď  H  J  J  Z  T  H  S  V  W  F  N
N  H  R  Z  Z  A  Ř  Í  Z  E  N  Í  X  Z
```

NÁVNADA	ŘEKA
LOĎ	JEZERO
ŽÁBRY	ČELIST
HÁK	OCEÁN
VAŘIT	KOŠÍK
VODA	TRPĚLIVOST
PŘEHÁNĚNÍ	PLÁŽ
ZAŘÍZENÍ	HMOTNOST
DRÁT	SEZÓNA

90 - Activités et Loisirs

```
K  X  Y  B  S  V  G  B  E  Z  N  M  Z  T
E  P  L  A  V  Á  N  Í  O  J  R  A  N  U
M  P  A  S  Y  T  U  A  L  X  H  L  Z  R
P  O  R  K  D  X  R  Y  B  O  L  O  V  I
O  T  R  E  L  A  X  A  Č  N  Í  V  T  S
V  Á  F  T  R  O  Z  U  N  I  N  Á  E  T
Á  P  O  B  A  X  T  M  A  G  U  N  N  I
N  Ě  T  A  C  L  G  Ě  E  G  E  Í  I  K
Í  N  B  L  R  K  O  N  Í  Č  K  Y  S  A
X  Í  A  N  Y  O  L  Í  Y  G  G  B  G  Y
P  E  L  S  U  R  F  O  V  Á  N  Í  O  Y
Z  A  H  R  A  D  N  I  Č  E  N  Í  E  H
K  G  B  A  S  E  B  A  L  L  I  J  C  A
V  O  L  E  J  B  A  L  H  F  P  N  V  J
```

UMĚNÍ	KONÍČKY
BASEBALL	MALOVÁNÍ
BASKETBAL	RYBOLOV
BOX	POTÁPĚNÍ
KEMPOVÁNÍ	TURISTIKA
FOTBAL	RELAXAČNÍ
GOLF	SURFOVÁNÍ
ZAHRADNIČENÍ	TENIS
PLAVÁNÍ	VOLEJBAL

91 - Livres

```
V  T  I  P  N  Ý  D  F  M  R  A  U  L  K
Y  S  D  D  A  X  R  J  P  O  E  Z  I  E
P  B  V  U  U  B  X  J  N  M  V  P  T  J
R  Í  Y  A  T  Á  J  B  C  Á  A  Ř  E  U
A  R  N  L  O  S  T  R  Á  N  K  A  R  E
V  K  A  I  R  E  G  B  D  R  C  D  Á  J
Ě  A  L  T  L  Ň  D  A  O  J  A  A  R  M
Č  P  É  A  R  E  L  E  V  A  N  T  N  Í
X  Ř  Z  T  R  A  G  I  C  K  Ý  E  Í  Č
O  Í  A  D  A  I  H  V  S  D  Z  U  L  T
E  B  V  H  I  S  T  O  R  I  C  K  Ý  E
P  Ě  Ý  S  Z  Z  G  S  I  C  L  A  H  N
O  H  P  N  C  F  R  H  U  B  A  N  F  Á
S  K  O  N  T  E  X  T  O  Y  S  G  C  Ř
```

AUTOR	LITERÁRNÍ
SBÍRKA	VYPRAVĚČ
KONTEXT	STRÁNKA
DUALITA	RELEVANTNÍ
EPOS	BÁSEŇ
PŘÍBĚH	POEZIE
HISTORICKÝ	ROMÁN
VTIPNÝ	ŘADA
VYNALÉZAVÝ	TRAGICKÝ
ČTENÁŘ	

92 - Pays #2

```
R U S K O H L A O S P R U K
E J Ý Ú M F I U J I V C X E
O A R B D J B P A E J U J Ň
J P I B A Á L B Á N I E A
I O E T R H N M E X I K O V
R N Č Í N A O X A X S P X S
S S D S S I N H D J A Z B Y
K K Z O F T F U D N K W F T
O O P X N I U G A N D A A U
Y G H R Z É P Á K I S T Á N
D Á N S K O S O M Á L S K O
F R A N C I E I U K W G N G
U K R A J I N A E E K L G W
Y A C E E T X D M O K E K G
```

ALBÁNIE   LAOS
ČÍNA   LIBANON
DÁNSKO   MEXIKO
FRANCIE   UGANDA
HAITI   PÁKISTÁN
INDONÉSIE   RUSKO
IRSKO   SOMÁLSKO
JAMAJKA   SÚDÁN
JAPONSKO   SÝRIE
KEŇA   UKRAJINA

93 - Fournitures d'Art

```
V  A  P  M  N  N  S  T  O  J  A  N  O  P
I  O  K  T  D  G  J  U  L  Í  B  D  T  R
K  C  D  R  R  E  N  Ž  E  L  S  T  Ů  L
H  Z  L  A  Y  Y  R  K  J  I  N  F  C  I
J  M  Ž  I  D  L  E  Y  O  C  B  O  V  K
D  Ř  E  V  Ě  N  É  U  H  L  Í  T  I  N
L  N  I  P  A  S  T  E  L  Y  Y  O  N  Á
G  U  M  A  T  A  Z  G  O  X  M  A  K  P
P  A  P  Í  R  K  B  N  O  N  G  P  O  A
K  A  R  T  Á  Č  E  J  D  B  U  A  U  D
U  T  V  O  Ř  I  V  O  S  T  X  R  S  Y
V  F  Y  X  X  B  B  A  R  V  Y  Á  T  S
L  E  P  I  D  L  O  T  T  F  N  T  C  V
A  K  V  A  R  E  L  Y  P  H  M  B  W  H
```

AKRYL	TUŽKY
AKVARELY	TVOŘIVOST
JÍL	VODA
KARTÁČE	INKOUST
FOTOAPARÁT	GUMA
ŽIDLE	OLEJ
DŘEVĚNÉ UHLÍ	NÁPADY
STOJAN	PAPÍR
LEPIDLO	PASTELY
BARVY	STŮL

94 - Jouets

```
H Á D A N K A K D X L G Š I
U L M S L A D B N S O C A Y
Ř E M E S L A C H I Ď P C N
T T H J U J V Z W H H P H N
U A M R Í T B F M R D Y Y R
R D B O G Z J Í L Y J F Z G
N L V B G U D R A K Z C T V
I O N O P P A N E N K A X M
M F U T I B I C Í V L A K Í
I L F Z M X T D A K E J I Č
T A S Y E W X S U W O J V Y
O B L Í B E N Ý T G Z L K W
N Á K L A Ď Á K O E Y O O L
P Ř E D S T A V I V O S T L
```

JÍL	HRY
ŘEMESLA	KNIHY
LETADLO	PANENKA
MÍČ	HÁDANKA
LOĎ	ROBOT
NÁKLAĎÁK	BICÍ
DRAK	VLAK
ŠACHY	JÍZDNÍ KOLO
OBLÍBENÝ	AUTO
PŘEDSTAVIVOST	

95 - Eau

```
M  W  Z  H  O  N  W  H  T  K  K  Y  K  V
O  N  A  J  E  Z  E  R  O  E  C  G  A  L
N  S  V  Y  P  A  Ř  O  V  Á  N  Í  N  N
Z  P  L  G  V  L  H  K  Ý  O  H  B  Á  Y
U  R  A  Z  E  M  R  Á  Z  G  C  L  L  H
N  Č  Ž  E  V  J  D  S  N  T  Ř  E  K  A
X  H  O  E  W  D  Z  F  P  U  D  D  Á  H
B  A  V  A  P  A  D  Í  Á  X  F  R  L  N
F  I  Á  K  I  O  H  U  R  I  K  Á  N  U
P  G  N  S  T  M  V  L  A  Y  C  O  Y  N
E  E  Í  S  N  Í  H  O  X  P  K  D  R  I
O  V  J  H  Ý  Y  X  J  D  H  G  É  D  X
V  L  H  K  O  S  T  E  D  E  M  Š  B  N
Y  J  T  D  Z  M  O  M  R  T  Ň  Ť  M  U
```

KANÁL	ZAVLAŽOVÁNÍ
SPRCHA	JEZERO
VYPAŘOVÁNÍ	MONZUN
ŘEKA	SNÍH
MRÁZ	OCEÁN
GEJZÍR	HURIKÁN
LED	DÉŠŤ
VLHKÝ	PITNÝ
VLHKOST	VLNY
POVODEŇ	PÁRA

96 - Paysages

```
V C E W E S B J G E J Z Í R
P O U Š Ť R V N U X O L F Z
L E D O V E C K O P E C K J
P R H O R A O R T O K E T H
J L X S P O L O O S T R O V
E O Á M C Á Ú Y A E Ú O S X
Z I G Ž V Z D D X M S S O S
E I L H A A G A O T T T P P
R G O C E Á N M Z L Í R K C
O B A Ž I N A C S G Í O A X
A N W F Ř E K A W J I V E N
O P X C E H T U N D R A L T
X W J N V M B G V S A G K S
U K M O Ř E J E S K Y N Ě E
```

VODOPÁD
KOPEC
POUŠŤ
ÚSTÍ
ŘEKA
GEJZÍR
JESKYNĚ
LEDOVEC
OSTROV
JEZERO

BAŽINA
MOŘE
HORA
OÁZA
OCEÁN
POLOOSTROV
PLÁŽ
TUNDRA
ÚDOLÍ
SOPKA

97 - Nombres

```
S A R T H G W V N O S M R A
V E J H R F N B R B E J R H
G D D T Ř I N Á C T D D W F
W V E M K T L Š L I M A I D
F A V Š D E S E T I N N Ý V
A N Ě G E F O S M N Á C T A
I Á T W H S C T Č O C P P H
P C B C I V T N D T T Ě L T
A T I X B X K Á E N Y T C Ř
T N Z X W T M C S F C Ř K I
N J C N U L A T E C F C I Z
Á Č T R N Á C T T M H V F P
C D E V A T E N Á C T Y K O
T D V A C E T N G G Y O C C
```

PĚT	ČTRNÁCT
DVA	ČTYŘI
DESETINNÝ	PATNÁCT
DESET	ŠESTNÁCT
OSMNÁCT	SEDM
DEVATENÁCT	ŠEST
SEDMNÁCT	TŘINÁCT
DVANÁCT	TŘI
OSM	DVACET
DEVĚT	NULA

98 - Nature

```
E  R  O  G  Y  P  S  V  A  T  Y  N  Ě  A
D  R  Z  V  Í  Ř  A  T  A  R  Ú  K  L  R
Z  I  O  P  I  O  E  A  U  O  T  L  E  K
H  X  V  Z  T  X  O  M  U  P  O  I  D  T
T  U  G  O  E  P  H  Y  C  I  Č  D  O  I
R  R  O  R  K  O  O  N  E  C  I  N  V  C
C  S  R  Z  J  Ý  R  U  T  K  Š  Ý  E  K
O  M  L  H  A  L  Y  O  Š  Ý  T  C  C  Ý
D  Y  N  A  M  I  C  K  Ý  Ť  Ě  L  E  S
Y  L  K  R  Á  S  A  M  P  M  S  A  D  I
E  Y  F  M  L  T  J  K  Y  R  U  P  I  F
O  F  U  W  W  S  O  E  M  A  P  G  A  X
V  Č  E  L  Y  Ř  E  K  A  K  M  L  M  B
V  I  T  Á  L  N  Í  M  T  Y  N  H  E  E
```

VČELY	ŘEKA
ÚTOČIŠTĚ	LES
ZVÍŘATA	LEDOVEC
ARKTICKÝ	HORY
KRÁSA	MRAKY
MLHA	SVATYNĚ
POUŠŤ	DIVOKÝ
DYNAMICKÝ	KLIDNÝ
EROZE	TROPICKÝ
LIST	VITÁLNÍ

99 - Bateaux

```
T  G  W  Ř  E  K  A  K  V  I  P  G  M  M
S  R  D  B  F  Á  E  A  I  G  L  A  N  O
C  T  A  V  K  N  G  J  V  J  A  N  Á  T
S  T  O  J  C  O  D  A  L  A  C  L  M  O
Y  D  J  Ž  E  E  F  K  N  C  H  G  O  R
N  V  O  R  Á  K  R  L  Y  H  E  O  Ř  B
C  Á  N  V  C  R  T  C  L  T  T  C  N  Ó
N  D  M  P  O  S  Á  D  K  A  N  E  Í  J
L  I  O  O  P  Ř  Í  L  I  V  I  Á  K  E
V  R  Ř  G  Ř  Z  T  Z  G  D  C  N  M  U
D  H  E  T  E  N  F  J  E  Z  E  R  O  I
O  N  R  P  X  N  Í  O  I  O  G  W  O  A
K  O  T  V  A  H  Z  I  F  P  X  T  G  U
L  K  W  I  Y  B  D  G  M  X  B  N  I  A
```

KOTVA	NÁMOŘNÍK
BÓJE	STOŽÁR
KÁNOE	MOŘE
LANO	MOTOR
POSÁDKA	NÁMOŘNÍ
TRAJEKT	OCEÁN
ŘEKA	VOR
KAJAK	VLNY
JEZERO	PLACHETNICE
PŘÍLIV	JACHTA

100 - Mesures

```
H Y M F K X C V L M A E K Y
L M W Z C X P Ý G U O L B H
P M O L P B C Š R M E T R J
I F D T Š Í Ř K A X C U V B
N R E Ó N G H A M D É L K A
T K S N P O I L Y H S L I C
A A E R A I S P O K O G L E
M L T V L H T T O U J K O N
C I I W E B U B B C B B G T
F T N X C S P T J P A K R I
C R N U N C E U E P J O A M
P H Ý F T V Ň V M H T A M E
T B J O A A Y E X D P Z D T
K I L O M E T R B H J E L R
```

CENTIMETR	METR
STUPEŇ	MINUTA
DESETINNÝ	BAJT
GRAM	UNCE
VÝŠKA	PINTA
KILOGRAM	HMOTNOST
KILOMETR	PALEC
ŠÍŘKA	HLOUBKA
LITR	TÓN
DÉLKA	OBJEM

1 - Été

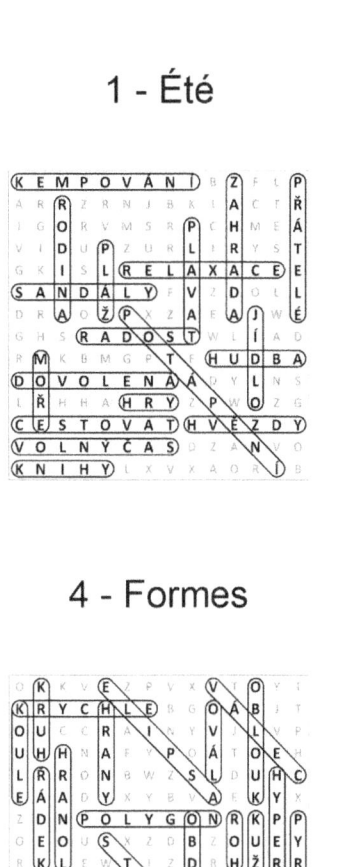

2 - Adjectifs #2

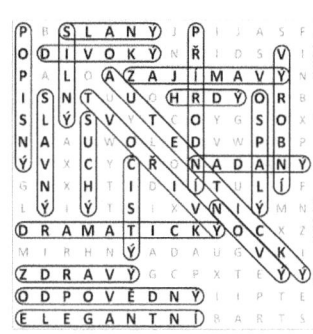

3 - Exploration

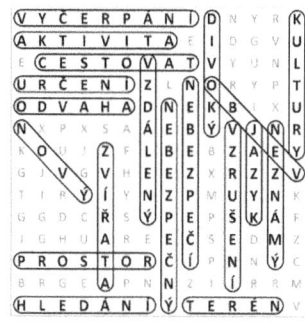

4 - Formes

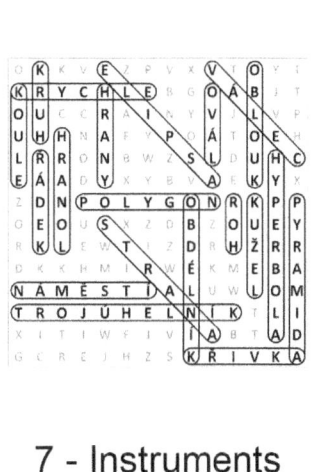

5 - Salle de Bains

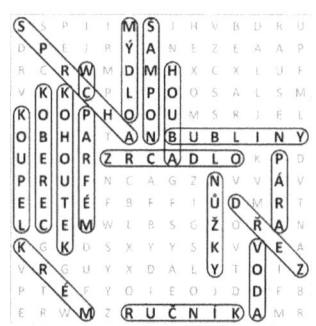

6 - Adjectifs #1

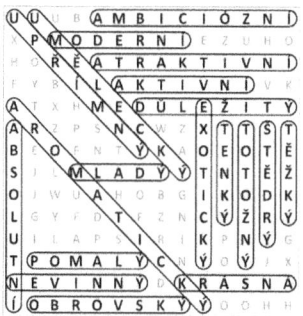

7 - Instruments de Musique

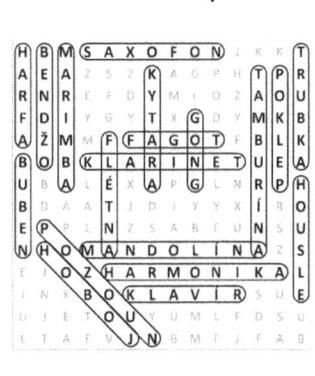

8 - Échecs

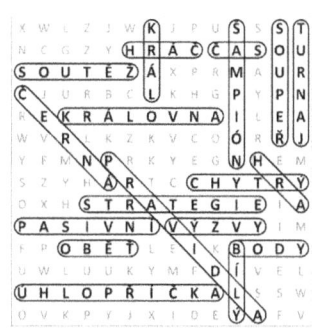

9 - Herboristerie

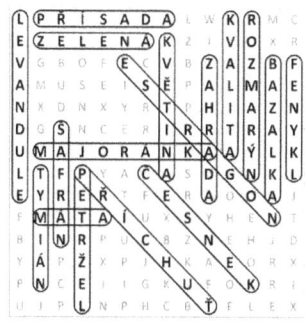

10 - Véhicules

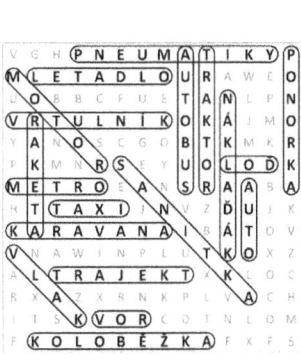

11 - Camping

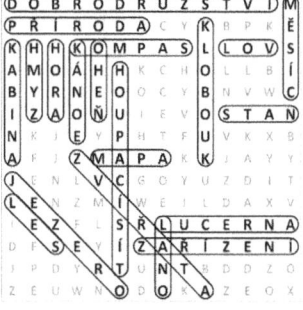

12 - Écologie

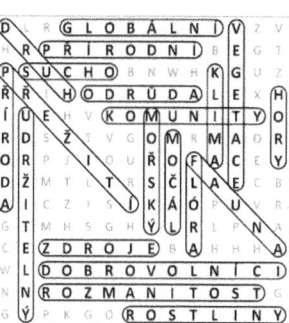

13 - Astronomie

14 - Types de Cheveux

15 - Restaurant #1

16 - Mammifères

17 - Sports

18 - Chocolat

19 - Mathématiques

20 - Mythologie

21 - Restaurant #2

22 - Couleurs

23 - Avions

24 - Aventure

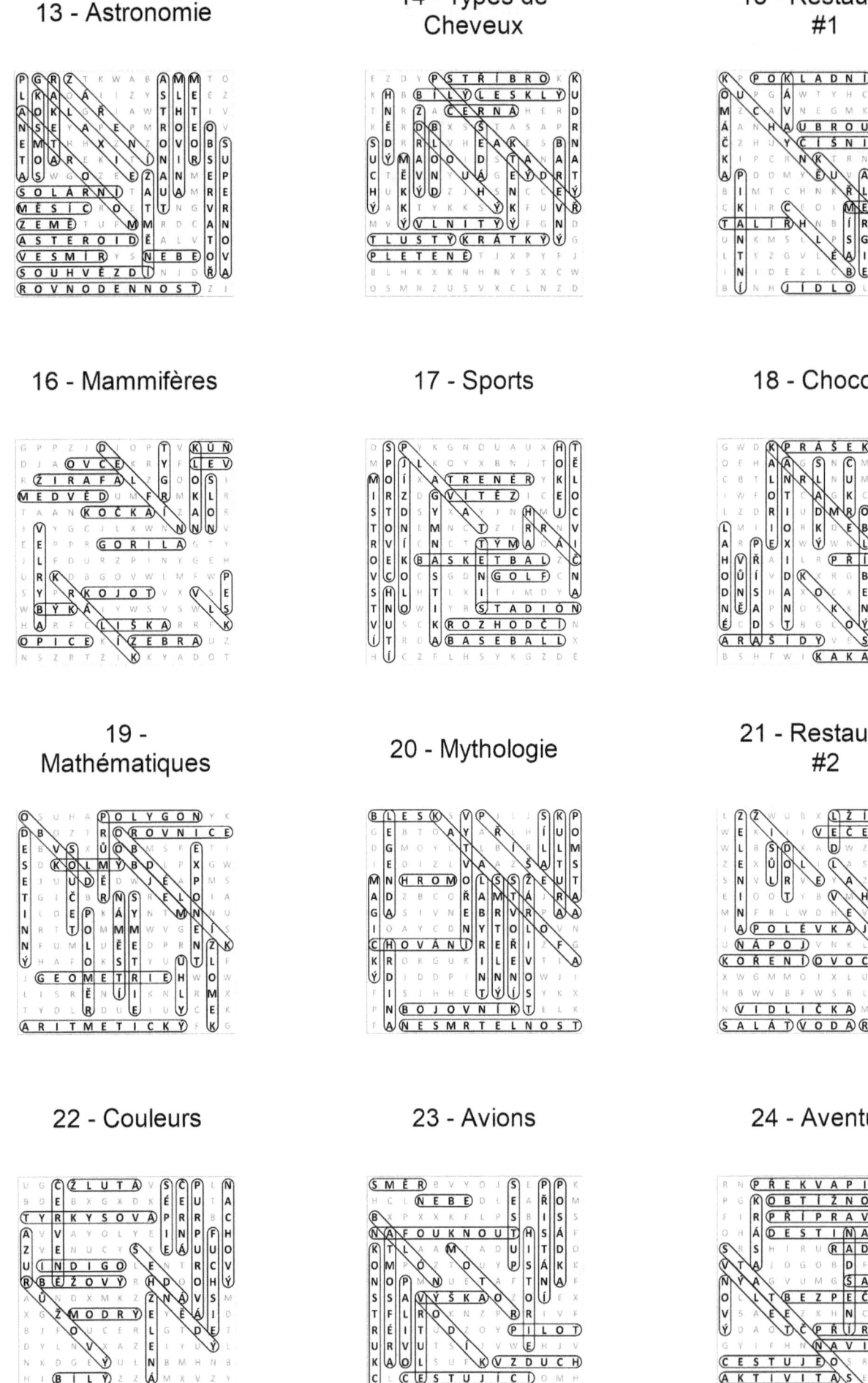

25 - Ville

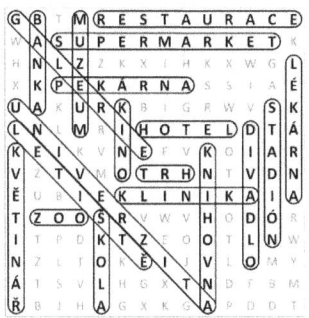

26 - Cuisine

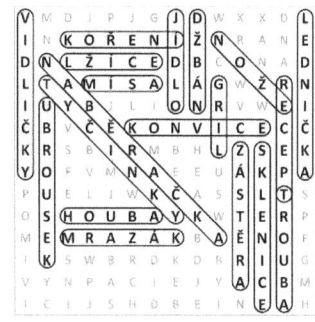

27 - Gentillesse

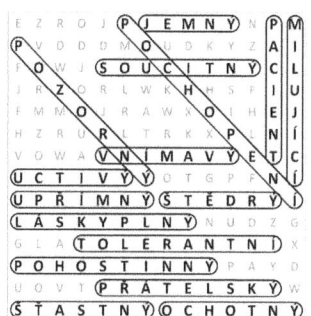

28 - Corps Humain

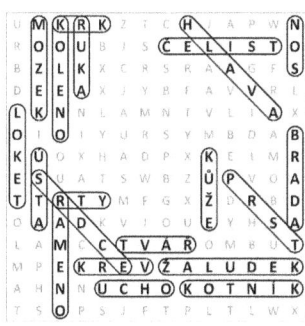

29 - Épices

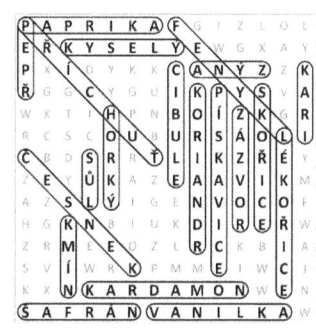

30 - Science

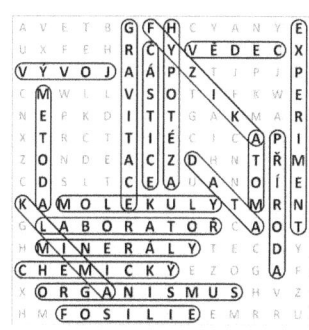

31 - Chats

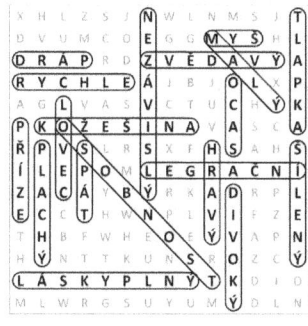

32 - Vêtements

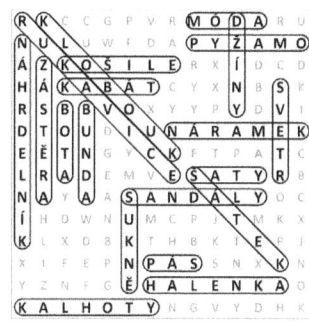

33 - Arts Visuels

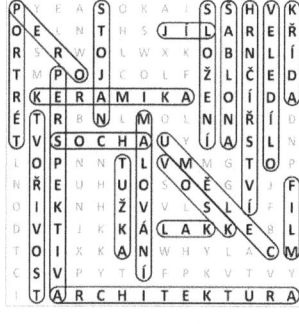

34 - Méditation

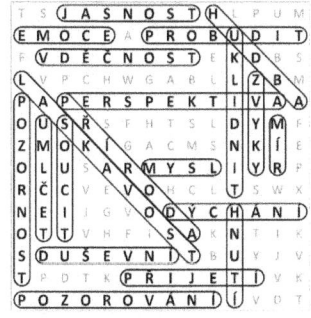

35 - Littérature

36 - Nourriture #1

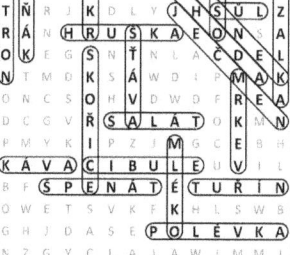

37 - Jours et Mois

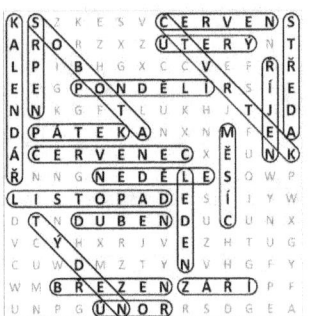

38 - Championnat

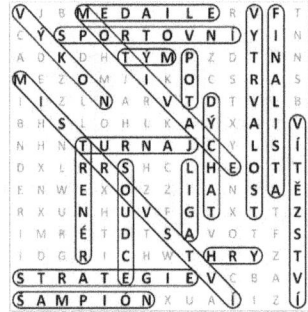

39 - Pirates

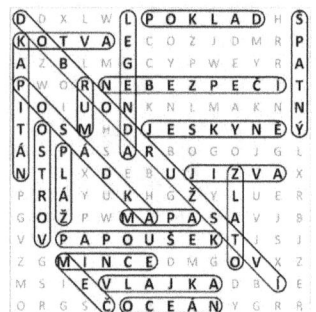

40 - Activités

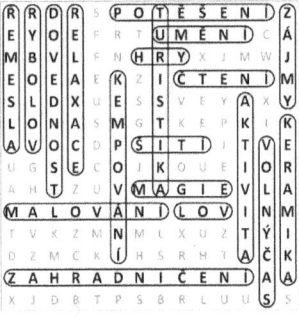

41 - Fleurs

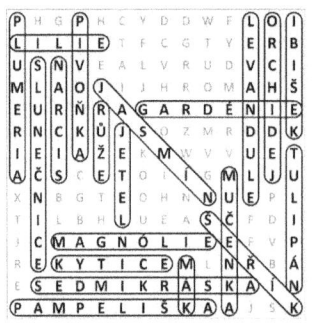

42 - Nourriture #2

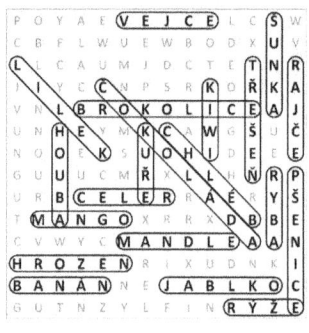

43 - Océan

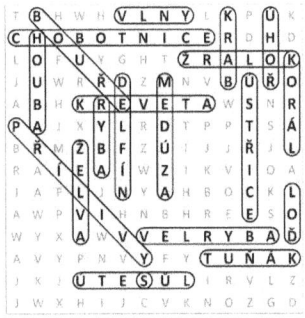

44 - Remplir

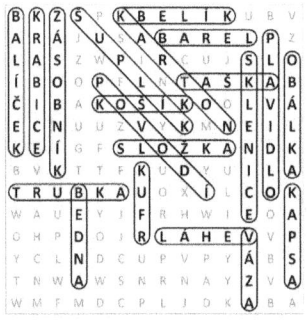

45 - Ballet

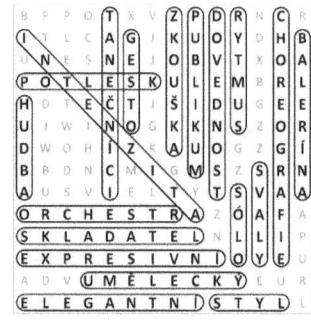

46 - Fruit

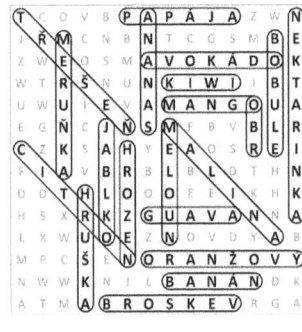

47 - Surf

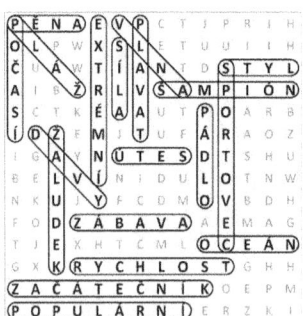

48 - Technologie

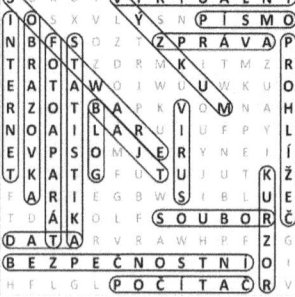

49 - Météo

50 - Châteaux

51 - Randonnée

52 - Meubles

53 - Art

54 - Nutrition

55 - Science Fiction

56 - Vertus #1

57 - Professions #1

58 - Géologie

59 - Cirque

60 - Jardin

61 - Barbecues

62 - Anniversaire

63 - Animaux de Compagnie

64 - Forêt Tropicale

65 - Insectes

66 - Ferme #1

67 - Escalade

68 - École #2

69 - Antarctique

70 - Professions #2

71 - Les Abeilles

72 - Dinosaures

73 - Conduite

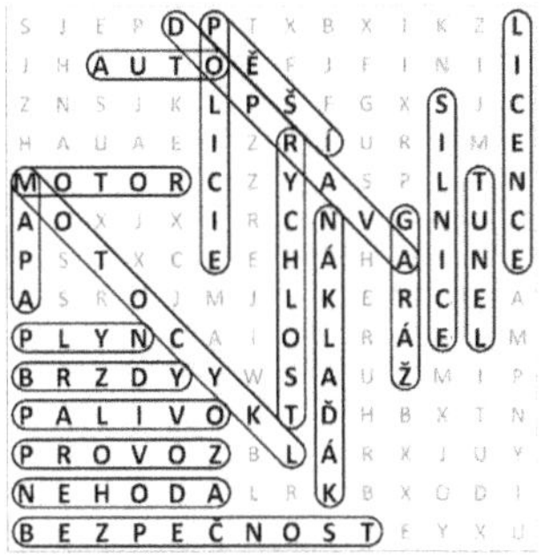

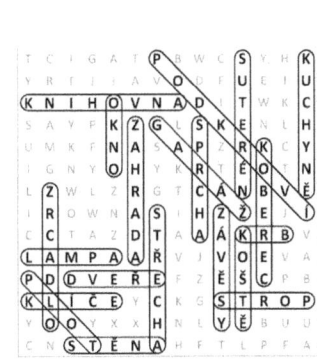

AUTO, MOTOR, PLYNCA, BRZDY, PALIVO, PROVOZ, NEHODA, BEZPEČNOST, LICENCE, SILNICE, TUNEL, VOLANT, KOLA, ŘÍZENÍ

74 - Plantes

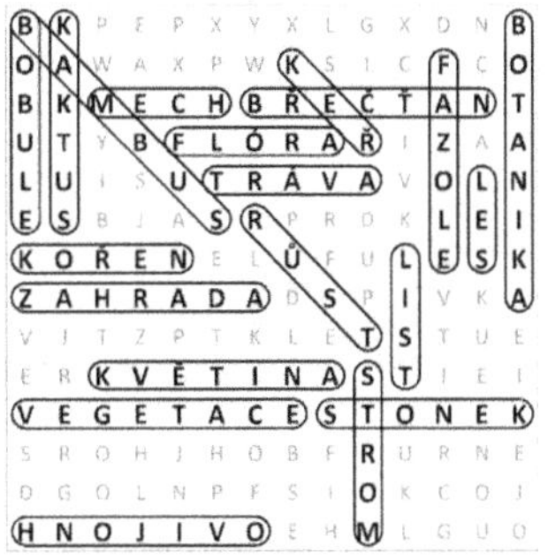

BOTANIKA, MECH, BŘEČŤAN, FLÓRA, TRÁVA, KOŘEN, ZAHRADA, KVĚTINA, VEGETACE, STONEK, HNOJIVO, BULKY, LIST, PLOD

75 - Ferme #2

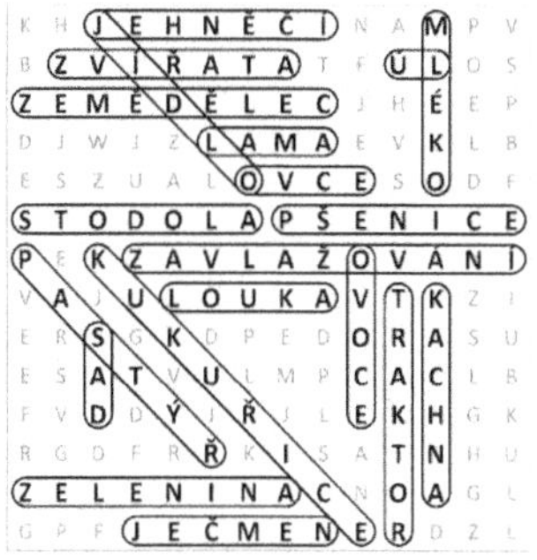

JEHNĚČÍ, ZVÍŘATA, ZEMĚDĚLEC, LAMA, OVCE, STODOLA, PŠENICE, ZAVLAŽOVÁNÍ, LOUKA, TRAKTOR, ZELENINA, JEČMEN

76 - École #1

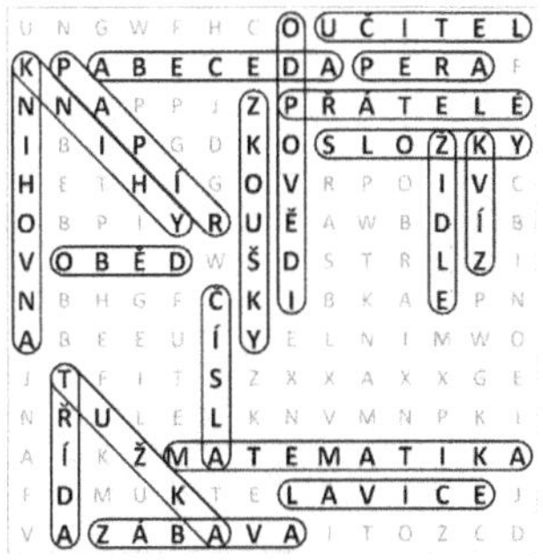

UČITEL, ABECEDA, PERA, PŘÁTELE, SLOŽKY, OBĚD, MATEMATIKA, LAVICE, ZÁBAVA

77 - Vacances #2

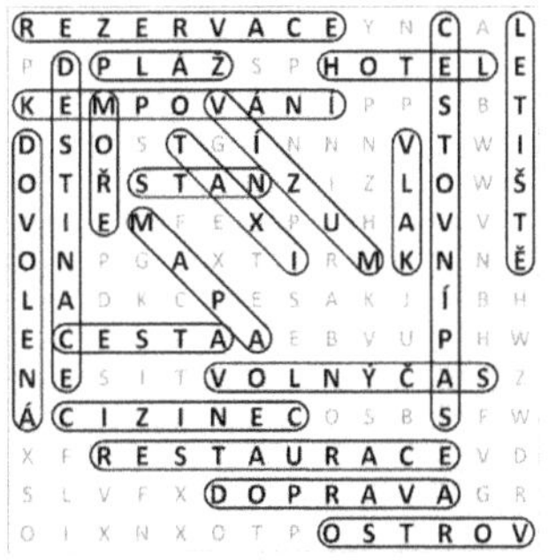

REZERVACE, PLÁŽ, HOTEL, KEMPOVÁNÍ, STAN, CESTA, VOLNÝ ČAS, CIZINEC, RESTAURACE, DOPRAVA, OSTROV, LETIŠTĚ

78 - Temps

POLEDNE, ROK, TEĎ, NOC, VČERA, MINUTA, STOLETÍ, DEN, DESETILETÍ

79 - Maison

KNIHOVNA, LAMPA, DVEŘE, KLÍČE, OKNO, STĚNA, KUCHYNĚ, STROP, KRB

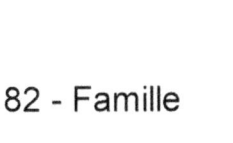

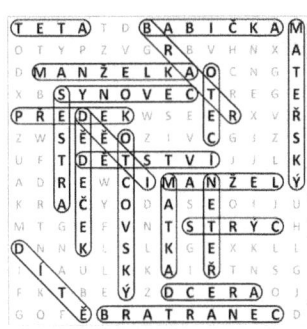

80 - Légumes

ČESNEK, BRAJČE, DÝNĚ, CELER, CIBULE, ŠALOTKA, OKURKA, ARTYČOK, MRKEV, OLIVA

81 - Plage

LOĎ, POBŘEŽÍ, SANDÁLY, DOVOLENÁ, PÍSEK, MOŘE, ÚTES, PLAVAT, PLACHETNICE, SLUNCE

82 - Famille

TETA, BABIČKA, MANŽELKA, SYNOVEC, PŘEDEK, SESTŘENICE, PŘÍBUZENSTVÍ, MANŽEL, STRÝC, DCERA, BRATRANEC, MATEŘSKÝ

83 - Oiseaux

KUKAČKA, PŠTROS, VOLAVKA, HOLUB, TUČŇÁK, PELIKÁN, VRÁNA, TUKAN, HUSA

84 - Disciplines Scientifiques

BIOLOGIE, CHEMIE, ARCHEOLOGIE, EKOLOGIE, IMUNOLOGIE, BOTANIKA, GENEOLOGIE, NEUROLOGIE, MECHANIKA, BIOCHEMIE, TERMODYNAMIKA

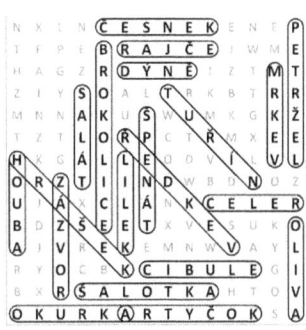

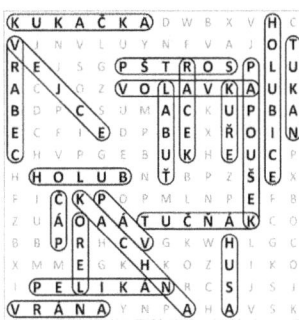

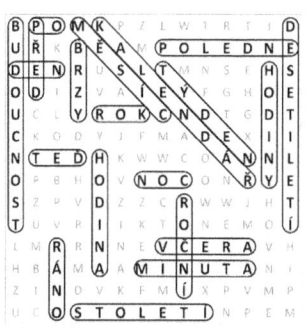

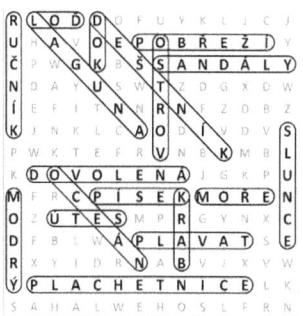

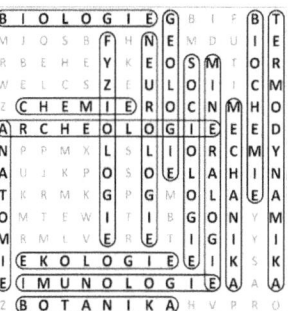

85 - Émotions

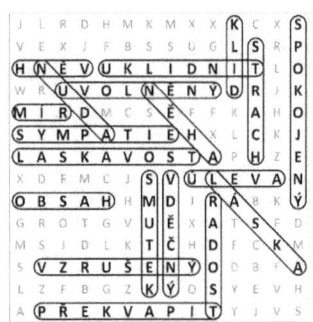

86 - Géographie

87 - Danse

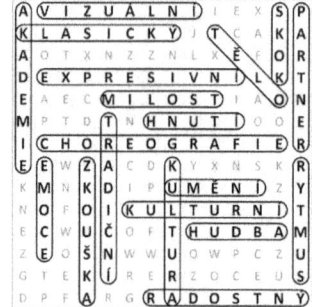

88 - Bâtiments

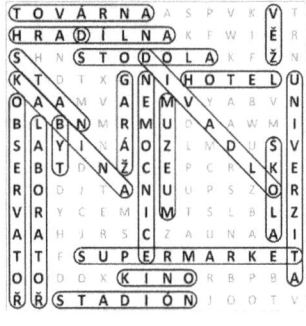

89 - Pêche

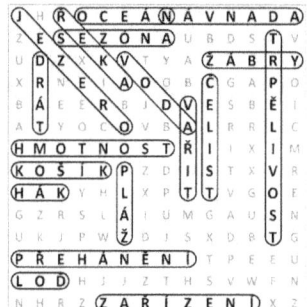

90 - Activités et Loisirs

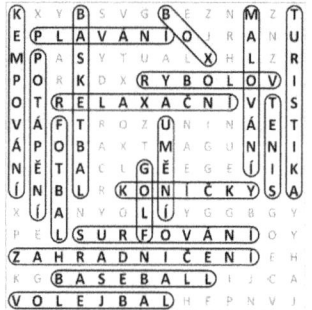

91 - Livres

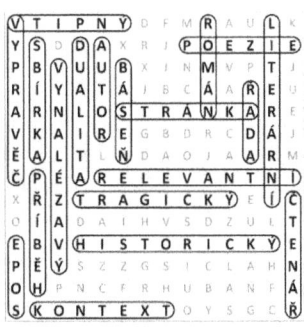

92 - Pays #2

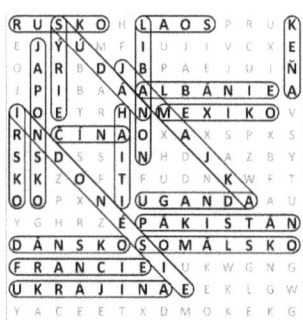

93 - Fournitures d'Art

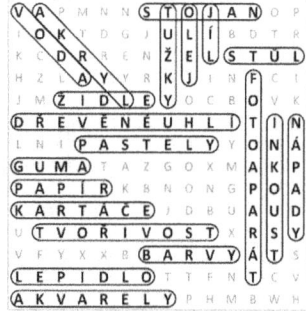

94 - Jouets

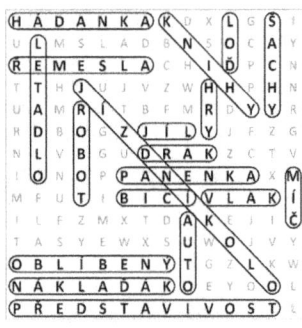

95 - Eau

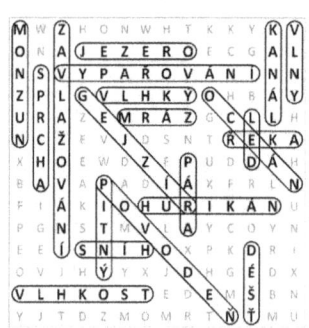

96 - Paysages

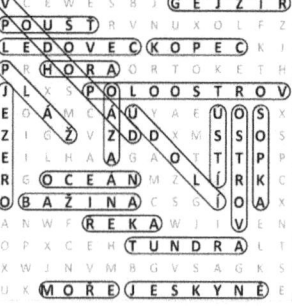

97 - Nombres

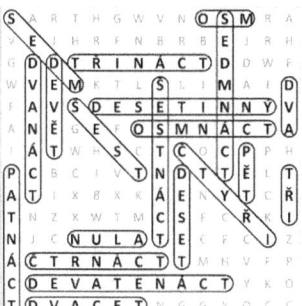

98 - Nature

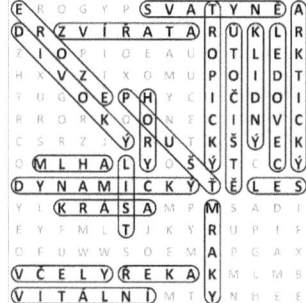

99 - Bateaux

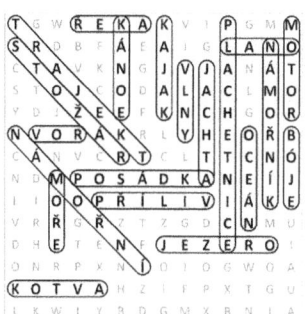

100 - Mesures

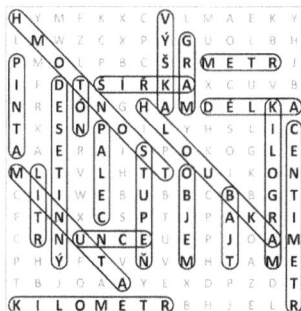

Dictionnaire

Activités
Aktivity

Activité	Aktivita
Art	Umění
Artisanat	Řemesla
Camping	Kempování
Céramique	Keramika
Chasse	Lov
Compétence	Dovednost
Couture	Šití
Intérêts	Zájmy
Jardinage	Zahradničení
Jeux	Hry
Lecture	Čtení
Loisir	Volný Čas
Magie	Magie
Peinture	Malování
Pêche	Rybolov
Photographie	Fotografování
Plaisir	Potěšení
Randonnée	Turistika
Relaxation	Relaxace

Activités et Loisirs
Aktivity a Volný Čas

Achats	Nakupování
Art	Umění
Base-Ball	Baseball
Basket-Ball	Basketbal
Boxe	Box
Camping	Kempování
Football	Fotbal
Golf	Golf
Jardinage	Zahradničení
Nager	Plavání
Passe-Temps	Koníčky
Peinture	Malování
Pêche	Rybolov
Plongée	Potápění
Randonnée	Turistika
Relaxant	Relaxační
Surf	Surfování
Tennis	Tenis
Volley-Ball	Volejbal
Voyage	Cestovat

Adjectifs #1
Přídavná Jména #1

Absolu	Absolutní
Actif	Aktivní
Ambitieux	Ambiciózní
Aromatique	Aromatický
Artistique	Umělecký
Attractif	Atraktivní
Beau	Krásná
Exotique	Exotický
Énorme	Obrovský
Généreux	Štědrý
Honnête	Upřímný
Identique	Totožný
Important	Důležitý
Innocent	Nevinný
Jeune	Mladý
Lent	Pomalý
Lourd	Těžký
Mince	Tenký
Moderne	Moderní
Parfait	Perfektní

Adjectifs #2
Přídavná Jména #2

Authentique	Autentický
Célèbre	Slavný
Créatif	Tvořivý
Descriptif	Popisný
Doué	Nadaný
Dramatique	Dramatický
Élégant	Elegantní
Fier	Hrdý
Fort	Silný
Intéressant	Zajímavý
Naturel	Přírodní
Nouveau	Nový
Productif	Výrobní
Pur	Čistý
Responsable	Odpovědný
Sain	Zdravý
Salé	Slaný
Sauvage	Divoký
Sec	Suchý
Somnolent	Ospalý

Animaux de Compagnie
Domácí Mazlíčci

Chat	Kočka
Chaton	Kotě
Chèvre	Koza
Chien	Pes
Chiot	Štěně
Collier	Límec
Eau	Voda
Griffes	Drápy
Hamster	Křeček
Laisse	Řemínek
Lapin	Králík
Lézard	Ještěrka
Nourriture	Jídlo
Perroquet	Papoušek
Poisson	Ryba
Queue	Ocas
Souris	Myš
Tortue	Želva
Vache	Kráva
Vétérinaire	Veterinář

Anniversaire
Narozeniny

Amis	Přátelé
Amusement	Zábava
Année	Rok
Bougies	Svíčky
Cadeau	Dar
Calendrier	Kalendář
Cartes	Karty
Chanson	Píseň
Chanter	Zpívat
Fête	Oslava
Gâteau	Dort
Heureux	Šťastný
Invitations	Pozvánky
Jeune	Mladý
Jour	Den
Joyeux	Radostný
Né	Narozený
Sagesse	Moudrost
Spécial	Zvláštní
Temps	Čas

Antarctique
Antarktida

Baie	Záliv
Baleines	Velryby
Chercheur	Výzkumník
Conservation	Zachování
Continent	Kontinent
Eau	Voda
Expédition	Expedice
Géographie	Zeměpis
Glace	Led
Glaciers	Ledovce
Îles	Ostrovy
Migration	Migrace
Minéraux	Minerály
Nuage	Mraky
Oiseaux	Ptáci
Péninsule	Poloostrov
Rocheux	Skalnatý
Scientifique	Vědecký
Température	Teplota
Topographie	Topografie

Art
Umění

Céramique	Keramický
Complexe	Komplex
Composition	Složení
Créer	Vytvořit
Dépeindre	Vylíčit
Expression	Výraz
Figure	Postava
Honnête	Upřímný
Humeur	Nálada
Inspiré	Inspirovaný
Original	Původní
Peintures	Malby
Personnel	Osobní
Poésie	Poezie
Sculpture	Socha
Simple	Jednoduchý
Sujet	Předmět
Surréalisme	Surrealismus
Symbole	Symbol
Visuel	Vizuální

Arts Visuels
Výtvarné Umění

Architecture	Architektura
Argile	Jíl
Artiste	Umělec
Céramique	Keramika
Chef-D'Œuvre	Veledílo
Chevalet	Stojan
Cire	Vosk
Composition	Složení
Craie	Křída
Crayon	Tužka
Créativité	Tvořivost
Film	Film
Peinture	Malování
Perspective	Perspektiva
Pochoir	Šablona
Portrait	Portrét
Poterie	Hrnčířství
Sculpture	Socha
Stylo	Pero
Vernis	Lak

Astronomie
Astronomie

Astéroïde	Asteroid
Astronaute	Astronaut
Astronome	Astronom
Ciel	Nebe
Constellation	Souhvězdí
Cosmos	Kosmos
Éclipse	Zatmění
Équinoxe	Rovnodennost
Fusée	Raketa
Galaxie	Galaxie
Lune	Měsíc
Météore	Meteor
Nébuleuse	Mlhovina
Observatoire	Observatoř
Planète	Planeta
Radiation	Záření
Solaire	Solární
Supernova	Supernova
Terre	Země
Univers	Vesmír

Aventure
Dobrodružství

Activité	Aktivita
Beauté	Krása
Bravoure	Statečnost
Chance	Šance
Dangereux	Nebezpečný
Destination	Destinace
Difficulté	Obtížnost
Enthousiasme	Nadšení
Excursion	Výlet
Inhabituel	Neobvyklý
Itinéraire	Itinerář
Joie	Radost
Nature	Příroda
Navigation	Navigace
Nouveau	Nový
Opportunité	Příležitost
Préparation	Příprava
Sécurité	Bezpečnost
Surprenant	Překvapivý
Voyages	Cestuje

Avions
Letadla

Air	Vzduch
Atmosphère	Atmosféra
Atterrissage	Přistání
Aventure	Dobrodružství
Ballon	Balón
Carburant	Palivo
Ciel	Nebe
Construction	Konstrukce
Descente	Sestup
Direction	Směr
Équipage	Posádka
Gonfler	Nafouknout
Hauteur	Výška
Hélices	Vrtule
Histoire	Historie
Hydrogène	Vodík
Moteur	Motor
Passager	Cestující
Pilote	Pilot
Turbulence	Turbulence

Ballet
Baletu

Applaudissement	Potlesk
Artistique	Umělecký
Ballerine	Balerína
Chorégraphie	Choreografie
Compétence	Dovednost
Compositeur	Skladatel
Danseurs	Tanečníci
Expressif	Expresivní
Geste	Gesto
Gracieux	Elegantní
Intensité	Intenzita
Muscles	Svaly
Musique	Hudba
Orchestre	Orchestr
Public	Publikum
Répétition	Zkouška
Rythme	Rytmus
Solo	Sólo
Style	Styl
Technique	Technika

Barbecues
Grilování

Chaud	Horký
Couteaux	Nože
Déjeuner	Oběd
Dîner	Večeře
Enfants	Děti
Été	Léto
Faim	Hlad
Famille	Rodina
Fruit	Ovoce
Gril	Gril
Jeux	Hry
Légumes	Zelenina
Musique	Hudba
Oignons	Cibule
Poivre	Pepř
Poulet	Kuře
Salades	Saláty
Sauce	Omáčka
Sel	Sůl
Tomates	Rajčata

Bateaux
Lodě

Ancre	Kotva
Bouée	Bóje
Canoë	Kánoe
Corde	Lano
Équipage	Posádka
Ferry	Trajekt
Fleuve	Řeka
Kayak	Kajak
Lac	Jezero
Marée	Příliv
Marin	Námořník
Mât	Stožár
Mer	Moře
Moteur	Motor
Nautique	Námořní
Océan	Oceán
Radeau	Vor
Vagues	Vlny
Voilier	Plachetnice
Yacht	Jachta

Bâtiments
Budovy

Appartement	Byt
Atelier	Dílna
Cabine	Kabina
Château	Hrad
Cinéma	Kino
École	Škola
Garage	Garáž
Grange	Stodola
Hôpital	Nemocnice
Hôtel	Hotel
Laboratoire	Laboratoř
Musée	Muzeum
Observatoire	Observatoř
Stade	Stadión
Supermarché	Supermarket
Tente	Stan
Théâtre	Divadlo
Tour	Věž
Université	Univerzita
Usine	Továrna

Camping
Kempování

Animaux	Zvířata
Aventure	Dobrodružství
Boussole	Kompas
Cabine	Kabina
Canoë	Kánoe
Carte	Mapa
Chapeau	Klobouk
Chasse	Lov
Corde	Lano
Équipement	Zařízení
Feu	Oheň
Forêt	Les
Hamac	Houpací Sít
Insecte	Hmyz
Lac	Jezero
Lanterne	Lucerna
Lune	Měsíc
Montagne	Hora
Nature	Příroda
Tente	Stan

Championnat
Mistrovství

Champion	Šampión
Championnat	Mistrovství
Endurance	Vytrvalost
Entraîneur	Trenér
Équipe	Tým
Finaliste	Finalista
Jeux	Hry
Juge	Soudce
Ligue	Liga
Médaille	Medaile
Motivation	Motivace
Performance	Výkon
Respirer	Dýchat
Sports	Sportovní
Stratégie	Strategie
Tournoi	Turnaj
Transpiration	Pot
Victoire	Vítězství

Chats
Protlak

Affectueux	Láskyplný
Chasseur	Lovec
Curieux	Zvědavý
Dormir	Spát
Drôle	Legrační
Espiègle	Hravý
Fil	Příze
Fou	Šílený
Fourrure	Kožešina
Griffe	Dráp
Indépendant	Nezávislý
Patte	Tlapka
Personnalité	Osobnost
Peu	Malý
Queue	Ocas
Rapide	Rychle
Sauvage	Divoký
Souris	Myš
Timide	Plachý

Châteaux
Hrady a Zámky

Armure	Zbroj
Bouclier	Štít
Catapulte	Katapult
Cheval	Kůň
Chevalier	Rytíř
Couronne	Koruna
Dragon	Drak
Dynastie	Dynastie
Empire	Říše
Épée	Meč
Féodal	Feudální
Forteresse	Pevnost
Licorne	Jednorožec
Mur	Stěna
Noble	Ušlechtilý
Palais	Palác
Prince	Princ
Princesse	Princezna
Royaume	Království
Tour	Věž

Chocolat
Čokoláda

Amer	Horký
Antioxydant	Antioxidant
Arôme	Vůně
Bonbon	Bonbón
Cacahuètes	Arašídy
Cacao	Kakao
Calories	Kalorie
Caramel	Karamel
Délicieux	Lahodné
Doux	Sladký
Exotique	Exotický
Favori	Oblíbený
Goût	Chuť
Ingrédient	Přísada
Noix de Coco	Kokos
Poudre	Prášek
Qualité	Kvalita
Recette	Recept
Saveur	Příchuť
Sucre	Cukr

Cirque
Cirkus

Acrobate	Akrobat
Animaux	Zvířata
Ballons	Balóny
Billet	Lístek
Clown	Klaun
Costume	Kostým
Divertir	Bavit
Éléphant	Slon
Jongleur	Žonglér
Lion	Lev
Magicien	Kouzelník
Magie	Magie
Montrer	Ukázat
Musique	Hudba
Parade	Průvod
Singe	Opice
Spectaculaire	Okázalý
Spectateur	Divák
Tente	Stan
Tigre	Tygr

Conduite
Řízení

Accident	Nehoda
Camion	Náklaďák
Carburant	Palivo
Carte	Mapa
Danger	Nebezpečí
Freins	Brzdy
Garage	Garáž
Gaz	Plyn
Licence	Licence
Moteur	Motor
Moto	Motocykl
Piéton	Pěší
Police	Policie
Route	Silnice
Sécurité	Bezpečnost
Trafic	Provoz
Transport	Doprava
Tunnel	Tunel
Vitesse	Rychlost
Voiture	Auto

Corps Humain
Lidské Tělo

Bouche	Ústa
Cerveau	Mozek
Cheville	Kotník
Cou	Krk
Coude	Loket
Cœur	Srdce
Doigt	Prst
Estomac	Žaludek
Épaule	Rameno
Genou	Koleno
Lèvres	Rty
Main	Ruka
Mâchoire	Čelist
Menton	Brada
Nez	Nos
Oreille	Ucho
Peau	Kůže
Sang	Krev
Tête	Hlava
Visage	Tvář

Couleurs
Barvy

Azur	Azur
Beige	Béžový
Blanc	Bílý
Bleu	Modrý
Cyan	Tyrkysová
Fuchsia	Fuchsie
Gris	Šedá
Indigo	Indigo
Jaune	Žlutá
Magenta	Purpurová
Marron	Hnědý
Noir	Černá
Orange	Oranžový
Rose	Růžový
Rouge	Červené
Sépia	Sépie
Vert	Zelená
Violet	Nachový

Cuisine
Kuchyně

Baguettes	Tyčinky
Bol	Mísa
Bouilloire	Konvice
Congélateur	Mrazák
Couteaux	Nože
Cruche	Džbán
Cuillères	Lžíce
Épices	Koření
Éponge	Houba
Four	Trouba
Fourchettes	Vidličky
Gril	Gril
Louche	Naběračka
Nourriture	Jídlo
Pot	Sklenice
Recette	Recept
Réfrigérateur	Lednička
Serviette	Ubrousek
Tablier	Zástěra

Danse
Taneční

Académie	Akademie
Art	Umění
Chorégraphie	Choreografie
Classique	Klasický
Corps	Tělo
Culture	Kultura
Culturel	Kulturní
Expressif	Expresivní
Émotion	Emoce
Grâce	Milost
Joyeux	Radostný
Mouvement	Hnutí
Musique	Hudba
Partenaire	Partner
Répétition	Zkouška
Rythme	Rytmus
Saut	Skok
Traditionnel	Tradiční
Visuel	Vizuální

Dinosaures
Dinosaurus

Ailes	Křídla
Carnivore	Masožravec
Disparition	Zmizení
Espèce	Druh
Énorme	Obrovský
Évolution	Vývoj
Fossiles	Fosílie
Grand	Velký
Herbivore	Býložravec
Mammouth	Mamut
Omnivore	Všežravec
Préhistorique	Prehistorický
Proie	Kořist
Puissant	Silný
Queue	Ocas
Rapace	Dravec
Reptile	Plaz
Taille	Velikost
Terre	Země
Vicieux	Zlý

Disciplines Scientifiques
Vědecké Disciplíny

Anatomie	Anatomie
Archéologie	Archeologie
Astronomie	Astronomie
Biochimie	Biochemie
Biologie	Biologie
Botanique	Botanika
Chimie	Chemie
Écologie	Ekologie
Géologie	Geologie
Immunologie	Imunologie
Linguistique	Jazykověda
Mécanique	Mechanika
Météorologie	Meteorologie
Minéralogie	Mineralogie
Neurologie	Neurologie
Physiologie	Fyziologie
Psychologie	Psychologie
Sociologie	Sociologie
Thermodynamique	Termodynamika
Zoologie	Zoologie

Eau
Vodní

Canal	Kanál
Douche	Sprcha
Évaporation	Vypařování
Fleuve	Řeka
Gel	Mráz
Geyser	Gejzír
Glace	Led
Humide	Vlhký
Humidité	Vlhkost
Inondation	Povodeň
Irrigation	Zavlažování
Lac	Jezero
Mousson	Monzun
Neige	Sníh
Océan	Oceán
Ouragan	Hurikán
Pluie	Déšť
Potable	Pitný
Vagues	Vlny
Vapeur	Pára

Escalade
Horolezectví

Atmosphère	Atmosféra
Blessure	Zranění
Bottes	Boty
Carte	Mapa
Casque	Helma
Curiosité	Zvědavost
Défis	Výzvy
Expert	Odborník
Étroit	Úzký
Force	Síla
Formation	Školení
Gants	Rukavice
Grotte	Jeskyně
Guides	Průvodce
Physique	Fyzický
Randonnée	Turistika
Stabilité	Stabilita
Terrain	Terén

Exploration
Průzkum

Activité	Aktivita
Animaux	Zvířata
Courage	Odvaha
Cultures	Kultury
Dangers	Nebezpečí
Découverte	Objev
Détermination	Určení
Espace	Prostor
Excitation	Vzrušení
Épuisement	Vyčerpání
Inconnu	Neznámý
Langue	Jazyk
Lointain	Vzdálený
Nouveau	Nový
Périlleux	Nebezpečný
Quête	Hledání
Sauvage	Divoký
Terrain	Terén
Voyage	Cestovat

Échecs
Šachy

Adversaire	Soupeř
Blanc	Bílý
Champion	Šampión
Concours	Soutěž
Défis	Výzvy
Diagonal	Úhlopříčka
Intelligent	Chytrý
Jeu	Hra
Joueur	Hráč
Noir	Černá
Passif	Pasivní
Points	Body
Reine	Královna
Règles	Pravidla
Roi	Král
Sacrifice	Oběť
Stratégie	Strategie
Temps	Čas
Tournoi	Turnaj

École #1
Škola #1

Alphabet	Abeceda
Amis	Přátelé
Amusement	Zábava
Bibliothèque	Knihovna
Bureau	Lavice
Chaise	Židle
Crayon	Tužka
Des Stylos	Pera
Déjeuner	Oběd
Dossiers	Složky
Enseignant	Učitel
Examens	Zkoušky
Livres	Knihy
Math	Matematika
Nombres	Čísla
Papier	Papír
Quiz	Kvíz
Réponses	Odpovědi
Salle de Classe	Třída

École #2
Škola #2

Activités	Činnosti
Apprentissage	Učení
Bibliothèque	Knihovna
Bus	Autobus
Calendrier	Kalendář
Ciseaux	Nůžky
Crayon	Tužka
Dictionnaire	Slovník
Enseignant	Učitel
Écriture	Psaní
Éducation	Vzdělávání
Grammaire	Gramatika
Jeux	Hry
Lecture	Čtení
Littérature	Literatura
Livres	Knihy
Math	Matematika
Ordinateur	Počítač
Papier	Papír
Science	Věda

Écologie
Ekologie

Bénévoles	Dobrovolníci
Climat	Klima
Communautés	Komunity
Diversité	Rozmanitost
Durable	Udržitelný
Espèce	Druh
Faune	Fauna
Flore	Flóra
Global	Globální
Marais	Močál
Marin	Mořský
Montagnes	Hory
Nature	Příroda
Naturel	Přírodní
Plantes	Rostliny
Ressources	Zdroje
Sécheresse	Sucho
Survie	Přežití
Variété	Odrůda
Végétation	Vegetace

Émotions
Emoce

Amour	Láska
Calme	Uklidnit
Colère	Hněv
Contenu	Obsah
Détendu	Uvolněný
Ennui	Nuda
Excité	Vzrušený
Gentillesse	Laskavost
Joie	Radost
Paix	Mír
Peur	Strach
Reconnaissant	Vděčný
Relief	Úleva
Satisfait	Spokojený
Surprise	Překvapit
Sympathie	Sympatie
Tendresse	Něha
Tranquillité	Klid
Tristesse	Smutek

Épices
Koření

Aigre	Kyselý
Ail	Česnek
Amer	Horký
Anis	Anýz
Cannelle	Skořice
Cardamome	Kardamon
Coriandre	Koriandr
Cumin	Kmín
Curry	Kari
Fenouil	Fenykl
Fenugrec	Pískavice
Gingembre	Zázvor
Oignon	Cibule
Paprika	Paprika
Poivre	Pepř
Réglisse	Lékořice
Safran	Šafrán
Saveur	Příchuť
Sel	Sůl
Vanille	Vanilka

Été
Letní

Amis	Přátelé
Camping	Kempování
Étoiles	Hvězdy
Famille	Rodina
Jardin	Zahrada
Jeux	Hry
Joie	Radost
Livres	Knihy
Loisir	Volný Čas
Mer	Moře
Musique	Hudba
Nager	Plavat
Nourriture	Jídlo
Plage	Pláž
Plongée	Potápění
Relaxation	Relaxace
Sandales	Sandály
Vacances	Dovolená
Voyage	Cestovat

Famille
Rodinná

Ancêtre	Předek
Cousin	Bratranec
Enfance	Dětství
Enfant	Dítě
Enfants	Děti
Femme	Manželka
Fille	Dcera
Frère	Bratr
Grand-Mère	Babička
Grand-Père	Dědeček
Mari	Manžel
Maternel	Mateřský
Mère	Matka
Neveu	Synovec
Nièce	Neteř
Oncle	Strýc
Paternel	Otcovský
Père	Otec
Soeur	Sestra
Tante	Teta

Ferme #1
Farma #1

Abeille	Včela
Agriculture	Zemědělství
Âne	Osel
Bison	Bizon
Champ	Pole
Chat	Kočka
Cheval	Kůň
Chèvre	Koza
Chien	Pes
Clôture	Plot
Corbeau	Vrána
Eau	Voda
Engrais	Hnojivo
Foin	Seno
Miel	Med
Poulet	Kuře
Riz	Rýže
Troupeau	Stádo
Vache	Kráva
Veau	Tele

Ferme #2
Farma #2

Agneau	Jehněčí
Agriculteur	Zemědělec
Animaux	Zvířata
Berger	Pastýř
Blé	Pšenice
Canard	Kachna
Fruit	Ovoce
Grange	Stodola
Irrigation	Zavlažování
Lait	Mléko
Lama	Lama
Légume	Zelenina
Maïs	Kukuřice
Mouton	Ovce
Nourriture	Jídlo
Orge	Ječmen
Pré	Louka
Ruche	Úl
Tracteur	Traktor
Verger	Sad

Fleurs
Květiny

Bouquet	Kytice
Gardénia	Gardénie
Hibiscus	Ibišek
Jasmin	Jasmín
Jonquille	Narcis
Lavande	Levandule
Lilas	Šeřík
Lys	Lilie
Magnolia	Magnólie
Marguerite	Sedmikráska
Orchidée	Orchidej
Passiflore	Mučenka
Pavot	Mák
Pissenlit	Pampeliška
Pivoine	Pivoňka
Plumeria	Plumeria
Rose	Růže
Tournesol	Slunečnice
Trèfle	Jetel
Tulipe	Tulipán

Forêt Tropicale
Deštný Prales

Amphibiens	Obojživelníci
Botanique	Botanický
Climat	Klima
Communauté	Společenství
Diversité	Rozmanitost
Espèce	Druh
Indigène	Původní
Insectes	Hmyz
Jungle	Džungle
Mammifères	Savci
Mousse	Mech
Nature	Příroda
Nuage	Mraky
Oiseaux	Ptáci
Précieux	Cenný
Préservation	Zachování
Refuge	Útočiště
Respect	Úcta
Restauration	Obnovení
Survie	Přežití

Formes
Obrazec

Arc	Oblouk
Bords	Hrany
Carré	Náměstí
Cercle	Kruh
Coin	Roh
Courbe	Křivka
Cône	Kužel
Côté	Strana
Cube	Krychle
Cylindre	Válec
Ellipse	Elipsa
Hyperbole	Hyperbola
Ligne	Řádek
Ovale	Ovál
Polygone	Polygon
Prisme	Hranol
Pyramide	Pyramida
Rectangle	Obdélník
Sphère	Koule
Triangle	Trojúhelník

Fournitures d'Art
Výtvarné Potřeby

Acrylique	Akryl
Aquarelles	Akvarely
Argile	Jíl
Brosses	Kartáče
Caméra	Fotoaparát
Chaise	Židle
Charbon	Dřevěné Uhlí
Chevalet	Stojan
Colle	Lepidlo
Couleurs	Barvy
Crayons	Tužky
Créativité	Tvořivost
Eau	Voda
Encre	Inkoust
Gomme	Guma
Huile	Olej
Idées	Nápady
Papier	Papír
Pastels	Pastely
Table	Stůl

Fruit
Ovoce

Abricot	Meruňka
Ananas	Ananas
Avocat	Avokádo
Baie	Bobule
Banane	Banán
Cerise	Třešeň
Citron	Citron
Figue	Obr
Framboise	Malina
Goyave	Guava
Kiwi	Kiwi
Mangue	Mango
Melon	Meloun
Nectarine	Nektarinka
Orange	Oranžový
Papaye	Papája
Pêche	Broskev
Poire	Hruška
Pomme	Jablko
Raisin	Hrozen

Gentillesse
Laskavost

Affectueux	Láskyplný
Aimant	Milující
Amical	Přátelský
Attentif	Pozorný
Authentique	Originální
Compatissant	Soucitný
Compréhension	Pochopení
Doux	Jemný
Fiable	Spolehlivý
Généreux	Štědrý
Heureux	Šťastný
Honnête	Upřímný
Hospitalier	Pohostinný
Patient	Pacient
Respectueux	Uctivý
Réceptif	Vnímavý
Tolérant	Tolerantní
Utile	Ochotný

Géographie
Kategorie: Geografie

Atlas	Atlas
Carte	Mapa
Continent	Kontinent
Équateur	Rovník
Fleuve	Řeka
Globe	Zeměkoule
Hémisphère	Polokoule
Île	Ostrov
Mer	Moře
Méridien	Poledník
Monde	Svět
Montagne	Hora
Nord	Severní
Océan	Oceán
Ouest	Západ
Pays	Země
Région	Region
Sud	Jih
Territoire	Území
Ville	Město

Géologie
Geologie

Acide	Kyselina
Calcium	Vápník
Caverne	Jeskyně
Continent	Kontinent
Corail	Korál
Couche	Vrstva
Cristaux	Krystaly
Érosion	Eroze
Fondu	Roztavený
Fossile	Fosilie
Geyser	Gejzír
Lave	Láva
Minéraux	Minerály
Pierre	Kámen
Plateau	Plošina
Quartz	Křemen
Sel	Sůl
Stalactite	Stalaktit
Volcan	Sopka
Zone	Zóna

Herboristerie
Bylinkářství

Ail	Česnek
Aromatique	Aromatický
Basilic	Bazalka
Bénéfique	Příznivý
Culinaire	Kulinářské
Estragon	Estragon
Fenouil	Fenykl
Fleur	Květina
Ingrédient	Přísada
Jardin	Zahrada
Lavande	Levandule
Marjolaine	Majoránka
Menthe	Máta
Persil	Petržel
Qualité	Kvalita
Romarin	Rozmarýn
Safran	Šafrán
Saveur	Příchuť
Thym	Tymián
Vert	Zelená

Insectes
Hmyzu

Abeille	Včela
Cafard	Šváb
Cigale	Cikáda
Coccinelle	Beruška
Fourmi	Mravenec
Frelon	Sršeň
Guêpe	Vosa
Larve	Larva
Libellule	Vážka
Mante	Mantisa
Moustique	Komár
Papillon	Motýl
Puce	Blecha
Puceron	Mšice
Sauterelle	Kobylka
Scarabée	Brouk
Termite	Termit
Ver	Červ

Instruments de Musique
Hudební Nástroje

Banjo	Bendžo
Basson	Fagot
Clarinette	Klarinet
Flûte	Flétna
Gong	Gong
Guitare	Kytara
Harmonica	Harmonika
Harpe	Harfa
Hautbois	Hoboj
Mandoline	Mandolína
Marimba	Marimba
Percussion	Poklep
Piano	Klavír
Saxophone	Saxofon
Tambour	Buben
Tambourin	Tamburína
Trombone	Pozoun
Trompette	Trubka
Violon	Housle
Violoncelle	Violoncello

Jardin
Zahrada

Arbre	Strom
Banc	Lavice
Buisson	Keř
Clôture	Plot
Étang	Rybník
Fleur	Květina
Garage	Garáž
Hamac	Houpací Sít
Herbe	Tráva
Jardin	Zahrada
Mauvaises Herbes	Plevel
Pelle	Lopata
Pelouse	Trávník
Râteau	Hrábě
Sol	Půda
Terrasse	Terasa
Trampoline	Trampolína
Tuyau	Hadice
Verger	Sad
Vigne	Víno

Jouets
Hračky

Argile	Jíl
Artisanat	Řemesla
Avion	Letadlo
Balle	Míč
Bateau	Loď
Camion	Náklaďák
Cerf-Volant	Drak
Échecs	Šachy
Favori	Oblíbený
Imagination	Představivost
Jeux	Hry
Livres	Knihy
Poupée	Panenka
Puzzle	Hádanka
Robot	Robot
Tambours	Bicí
Train	Vlak
Vélo	Jízdní Kolo
Voiture	Auto

Jours et Mois
Dny a Měsíce

Août	Srpen
Avril	Duben
Calendrier	Kalendář
Dimanche	Neděle
Février	Únor
Janvier	Leden
Jeudi	Čtvrtek
Juillet	Červenec
Juin	Červen
Lundi	Pondělí
Mardi	Úterý
Mars	Březen
Mercredi	Středa
Mois	Měsíc
Novembre	Listopad
Octobre	Říjen
Samedi	Sobota
Semaine	Týden
Septembre	Září
Vendredi	Pátek

Les Abeilles
Včely

Ailes	Křídla
Bénéfique	Příznivý
Cire	Vosk
Diversité	Rozmanitost
Essaim	Roj
Écosystème	Ekosystém
Fleur	Květ
Fleurs	Květiny
Fruit	Ovoce
Fumée	Kouř
Insecte	Hmyz
Jardin	Zahrada
Miel	Med
Nourriture	Jídlo
Plantes	Rostliny
Pollen	Pyl
Pollinisateur	Opylovač
Reine	Královna
Ruche	Úl
Soleil	Slunce

Légumes
Zelenina

Ail	Česnek
Artichaut	Artyčok
Aubergine	Lilek
Brocoli	Brokolice
Carotte	Mrkev
Céleri	Celer
Champignon	Houba
Citrouille	Dýně
Concombre	Okurka
Échalote	Šalotka
Épinard	Špenát
Gingembre	Zázvor
Navet	Tuřín
Oignon	Cibule
Olive	Oliva
Persil	Petržel
Pois	Hrášek
Radis	Ředkev
Salade	Salát
Tomate	Rajče

Littérature
Literatura

Analogie	Analogie
Analyse	Analýza
Anecdote	Anekdota
Auteur	Autor
Biographie	Životopis
Comparaison	Srovnání
Conclusion	Závěr
Description	Popis
Dialogue	Dialog
Fiction	Beletrie
Métaphore	Metafora
Narrateur	Vypravěč
Poème	Báseň
Poétique	Poetický
Rime	Rým
Roman	Román
Rythme	Rytmus
Style	Styl
Thème	Téma
Tragédie	Tragédie

Livres
Knihy

Auteur	Autor
Aventure	Dobrodružství
Collection	Sbírka
Contexte	Kontext
Dualité	Dualita
Épique	Epos
Histoire	Příběh
Historique	Historický
Humoristique	Vtipný
Inventif	Vynalézavý
Lecteur	Čtenář
Littéraire	Literární
Narrateur	Vypravěč
Page	Stránka
Pertinent	Relevantní
Poème	Báseň
Poésie	Poezie
Roman	Román
Série	Řada
Tragique	Tragický

Maison
Dům

Balai	Koště
Bibliothèque	Knihovna
Cheminée	Krb
Clés	Klíče
Clôture	Plot
Cuisine	Kuchyně
Douche	Sprcha
Fenêtre	Okno
Garage	Garáž
Grenier	Podkroví
Jardin	Zahrada
Lampe	Lampa
Miroir	Zrcadlo
Mur	Stěna
Plafond	Strop
Porte	Dveře
Rideaux	Závěsy
Sous-Sol	Suterén
Tapis	Koberec
Toit	Střecha

Mammifères
Savci

Baleine	Velryba
Chat	Kočka
Cheval	Kůň
Chien	Pes
Coyote	Kojot
Dauphin	Delfín
Éléphant	Slon
Girafe	Žirafa
Gorille	Gorila
Kangourou	Klokan
Lapin	Králík
Lion	Lev
Loup	Vlk
Mouton	Ovce
Ours	Medvěd
Renard	Liška
Singe	Opice
Taureau	Býk
Tigre	Tygr
Zèbre	Zebra

Mathématiques
Matematika

Angles	Úhly
Arithmétique	Aritmetický
Carré	Náměstí
Circonférence	Obvod
Décimal	Desetinný
Diamètre	Průměr
Exposant	Exponent
Équation	Rovnice
Fraction	Zlomek
Géométrie	Geometrie
Parallèle	Rovnoběžný
Parallélogramme	Rovnoběžník
Perpendiculaire	Kolmý
Polygone	Polygon
Rayon	Poloměr
Rectangle	Obdélník
Somme	Součet
Symétrie	Symetrie
Triangle	Trojúhelník
Volume	Objem

Mesures
Měření

Centimètre	Centimetr
Degré	Stupeň
Décimal	Desetinný
Gramme	Gram
Hauteur	Výška
Kilogramme	Kilogram
Kilomètre	Kilometr
Largeur	Šířka
Litre	Litr
Longueur	Délka
Mètre	Metr
Minute	Minuta
Octet	Bajt
Once	Unce
Pinte	Pinta
Poids	Hmotnost
Pouce	Palec
Profondeur	Hloubka
Tonne	Tón
Volume	Objem

Meubles
Nábytek

Armoire	Armoire
Banc	Lavice
Bibliothèque	Knihovna
Canapé	Gauč
Chaise	Židle
Commode	Prádelník
Coussins	Polštáře
Étagères	Police
Fauteuil	Křeslo
Futon	Futon
Hamac	Houpací Sít
Lampe	Lampa
Lit	Postel
Matelas	Matrace
Miroir	Zrcadlo
Oreiller	Polštář
Rideaux	Závěsy
Tapis	Koberec

Méditation
Rozjímání

Acceptation	Přijetí
Attention	Pozornost
Calme	Uklidnit
Clarté	Jasnost
Compassion	Soucit
Esprit	Mysl
Émotions	Emoce
Éveillé	Probudit
Gentillesse	Laskavost
Gratitude	Vděčnost
Habitudes	Zvyky
Mental	Duševní
Mouvement	Hnutí
Musique	Hudba
Nature	Příroda
Observation	Pozorování
Paix	Mír
Perspective	Perspektiva
Respiration	Dýchání
Silence	Umlčet

Météo
Počasí

Arc-En-Ciel	Duha
Atmosphère	Atmosféra
Brise	Vánek
Brouillard	Mlha
Calme	Uklidnit
Ciel	Nebe
Climat	Klima
Glace	Led
Mousson	Monzun
Nuage	Mrak
Ouragan	Hurikán
Polaire	Polární
Sec	Suchý
Sécheresse	Sucho
Température	Teplota
Tempête	Bouře
Tonnerre	Hrom
Tornade	Tornádo
Tropical	Tropický
Vent	Vítr

Mythologie
Mytologie

Archétype	Archetyp
Catastrophe	Katastrofa
Comportement	Chování
Création	Vytvoření
Créature	Stvoření
Croyances	Přesvědčení
Culture	Kultura
Éclair	Blesk
Force	Síla
Guerrier	Bojovník
Héros	Hrdina
Immortalité	Nesmrtelnost
Jalousie	Žárlivost
Labyrinthe	Labyrint
Légende	Legenda
Magique	Magický
Monstre	Příšera
Mortel	Smrtelný
Tonnerre	Hrom
Vengeance	Pomsta

Nature
Příroda

Abeilles	Včely
Abri	Útočiště
Animaux	Zvířata
Arctique	Arktický
Beauté	Krása
Brouillard	Mlha
Désert	Poušť
Dynamique	Dynamický
Érosion	Eroze
Feuillage	List
Fleuve	Řeka
Forêt	Les
Glacier	Ledovec
Montagnes	Hory
Nuage	Mraky
Sanctuaire	Svatyně
Sauvage	Divoký
Serein	Klidný
Tropical	Tropický
Vital	Vitální

Nombres
Čísla

Cinq	Pět
Deux	Dva
Décimal	Desetinný
Dix	Deset
Dix-Huit	Osmnáct
Dix-Neuf	Devatenáct
Dix-Sept	Sedmnáct
Douze	Dvanáct
Huit	Osm
Neuf	Devět
Quatorze	Čtrnáct
Quatre	Čtyři
Quinze	Patnáct
Seize	Šestnáct
Sept	Sedm
Six	Šest
Treize	Třináct
Trois	Tři
Vingt	Dvacet
Zéro	Nula

Nourriture #1
Potraviny #1

Ail	Česnek
Basilic	Bazalka
Café	Káva
Cannelle	Skořice
Carotte	Mrkev
Citron	Citron
Épinard	Špenát
Fraise	Jahoda
Jus	Šťáva
Lait	Mléko
Navet	Tuřín
Oignon	Cibule
Orge	Ječmen
Poire	Hruška
Salade	Salát
Sel	Sůl
Soupe	Polévka
Sucre	Cukr
Thon	Tuňák
Viande	Maso

Nourriture #2
Potraviny #2

Amande	Mandle
Aubergine	Lilek
Banane	Banán
Blé	Pšenice
Brocoli	Brokolice
Cerise	Třešeň
Céleri	Celer
Champignon	Houba
Chocolat	Čokoláda
Jambon	Šunka
Kiwi	Kiwi
Mangue	Mango
Oeuf	Vejce
Pain	Chléb
Poisson	Ryba
Pomme	Jablko
Poulet	Kuře
Raisin	Hrozen
Riz	Rýže
Tomate	Rajče

Nutrition
Výživa

Amer	Horký
Appétit	Chuť
Calories	Kalorie
Comestible	Jedlý
Diète	Strava
Digestion	Trávení
Épices	Koření
Équilibré	Vyvážený
Fermentation	Kvašení
Glucides	Sacharid
Liquides	Kapaliny
Poids	Hmotnost
Protéines	Proteiny
Qualité	Kvalita
Sain	Zdravý
Santé	Zdraví
Sauce	Omáčka
Saveur	Příchuť
Toxine	Toxin
Vitamine	Vitamín

Océan
Oceán

Anguille	Úhoř
Baleine	Velryba
Bateau	Loď
Corail	Korál
Crabe	Krab
Crevette	Kreveta
Dauphin	Delfín
Éponge	Houba
Huître	Ústřice
Marées	Přílivy
Méduse	Medúza
Poisson	Ryba
Poulpe	Chobotnice
Requin	Žralok
Récif	Útes
Sel	Sůl
Tempête	Bouře
Thon	Tuňák
Tortue	Želva
Vagues	Vlny

Oiseaux
Ptactvo

Aigle	Orel
Autruche	Pštros
Canard	Kachna
Cigogne	Čáp
Colombe	Holubice
Corbeau	Vrána
Coucou	Kukačka
Cygne	Labuť
Héron	Volavka
Manchot	Tučňák
Moineau	Vrabec
Mouette	Racek
Oeuf	Vejce
Oie	Husa
Paon	Páv
Perroquet	Papoušek
Pélican	Pelikán
Pigeon	Holub
Poulet	Kuře
Toucan	Tukan

Pays #2
Země #2

Albanie	Albánie
Chine	Čína
Danemark	Dánsko
France	Francie
Haïti	Haiti
Indonésie	Indonésie
Irlande	Irsko
Jamaïque	Jamajka
Japon	Japonsko
Kenya	Keňa
Laos	Laos
Liban	Libanon
Mexique	Mexiko
Ouganda	Uganda
Pakistan	Pákistán
Russie	Rusko
Somalie	Somálsko
Soudan	Súdán
Syrie	Sýrie
Ukraine	Ukrajina

Paysages
Krajiny

Cascade	Vodopád
Colline	Kopec
Désert	Poušť
Estuaire	Ústí
Fleuve	Řeka
Geyser	Gejzír
Grotte	Jeskyně
Iceberg	Ledovec
Île	Ostrov
Lac	Jezero
Marais	Bažina
Mer	Moře
Montagne	Hora
Oasis	Oáza
Océan	Oceán
Péninsule	Poloostrov
Plage	Pláž
Toundra	Tundra
Vallée	Údolí
Volcan	Sopka

Pêche
Rybaření

Appât	Návnada
Bateau	Loď
Branchies	Žábry
Crochet	Hák
Cuire	Vařit
Eau	Voda
Exagération	Přehánění
Équipement	Zařízení
Fil	Drát
Fleuve	Řeka
Lac	Jezero
Mâchoire	Čelist
Océan	Oceán
Panier	Košík
Patience	Trpělivost
Plage	Pláž
Poids	Hmotnost
Saison	Sezóna

Pirates
Piráti

Ancre	Kotva
Aventure	Dobrodružství
Capitaine	Kapitán
Carte	Mapa
Cicatrice	Jizva
Danger	Nebezpečí
Drapeau	Vlajka
Épée	Meč
Équipage	Posádka
Grotte	Jeskyně
Île	Ostrov
Légende	Legenda
Mauvais	Špatný
Océan	Oceán
Or	Zlato
Perroquet	Papoušek
Pièces	Mince
Plage	Pláž
Rhum	Rum
Trésor	Poklad

Plage
Pláž

Bateau	Loď
Bleu	Modrý
Côte	Pobřeží
Crabe	Krab
Dock	Dok
Île	Ostrov
Lagune	Laguna
Mer	Moře
Nager	Plavat
Océan	Oceán
Parapluie	Deštník
Récif	Útes
Sable	Písek
Sandales	Sandály
Serviette	Ručník
Soleil	Slunce
Vacances	Dovolená
Voilier	Plachetnice

Plantes
Rostliny

Arbre	Strom
Baie	Bobule
Bambou	Bambus
Botanique	Botanika
Buisson	Keř
Cactus	Kaktus
Engrais	Hnojivo
Feuillage	List
Fleur	Květina
Flore	Flóra
Forêt	Les
Grandir	Růst
Haricot	Fazole
Herbe	Tráva
Jardin	Zahrada
Lierre	Břečťan
Mousse	Mech
Racine	Kořen
Tige	Stonek
Végétation	Vegetace

Professions #1
Profese #1

Ambassadeur	Velvyslanec
Astronome	Astronom
Avocat	Advokát
Banquier	Bankéř
Bijoutier	Klenotník
Cartographe	Kartograf
Chasseur	Lovec
Danseur	Tanečník
Entraîneur	Trenér
Éditeur	Editor
Géologue	Geolog
Infirmière	Sestra
Médecin	Lékař
Musicien	Hudebník
Pianiste	Pianista
Plombier	Instalatér
Pompier	Hasič
Psychologue	Psycholog
Scientifique	Vědec
Vétérinaire	Veterinář

Professions #2
Profese #2

Astronaute	Astronaut
Bibliothécaire	Knihovník
Biologiste	Biolog
Chercheur	Výzkumník
Chirurgien	Chirurg
Dentiste	Zubař
Détective	Detektiv
Enseignant	Učitel
Illustrateur	Ilustrátor
Ingénieur	Inženýr
Inventeur	Vynálezce
Jardinier	Zahradník
Journaliste	Novinář
Linguiste	Lingvista
Médecin	Lékař
Peintre	Malíř
Philosophe	Filozof
Photographe	Fotograf
Pilote	Pilot
Zoologiste	Zoolog

Randonnée
Pěší Turistika

Animaux	Zvířata
Bottes	Boty
Camping	Kempování
Carte	Mapa
Climat	Klima
Eau	Voda
Falaise	Útes
Fatigué	Unavený
Guides	Průvodce
Lourd	Těžký
Météo	Počasí
Montagne	Hora
Nature	Příroda
Orientation	Orientace
Parcs	Parky
Pierres	Kameny
Préparation	Příprava
Sauvage	Divoký
Soleil	Slunce
Sommet	Summit

Remplir
K Vyplnění

Baril	Barel
Bassin	Povodí
Boîte	Krabice
Bouteille	Láhev
Caisse	Bedna
Carton	Karton
Dossier	Složka
Enveloppe	Obálka
Navire	Plavidlo
Panier	Košík
Paquet	Balíček
Plateau	Zásobník
Poche	Kapsa
Pot	Sklenice
Sac	Taška
Seau	Kbelík
Tiroir	Šuplík
Tube	Trubka
Valise	Kufr
Vase	Váza

Restaurant #1
Restaurace #1

Allergie	Alergie
Assiette	Talíř
Bol	Mísa
Café	Káva
Caissier	Pokladní
Couteau	Nůž
Cuisine	Kuchyně
Dessert	Dezert
Épicé	Pikantní
Ingrédients	Ingredience
Menu	Menu
Nourriture	Jídlo
Pain	Chléb
Poulet	Kuře
Réservation	Rezervace
Sauce	Omáčka
Serveuse	Číšnice
Serviette	Ubrousek
Viande	Maso

Restaurant #2
Restaurace #2

Boisson	Nápoj
Chaise	Židle
Cuillère	Lžíce
Déjeuner	Oběd
Délicieux	Lahodné
Dîner	Večeře
Eau	Voda
Épices	Koření
Fourchette	Vidlička
Fruit	Ovoce
Gâteau	Dort
Glace	Led
Légumes	Zelenina
Nouilles	Nudle
Oeuf	Vejce
Poisson	Ryba
Salade	Salát
Sel	Sůl
Serveur	Číšník
Soupe	Polévka

Salle de Bains
Koupelna

Bain	Koupel
Bulles	Bubliny
Ciseaux	Nůžky
Douche	Sprcha
Eau	Voda
Éponge	Houba
Évier	Dřez
Lotion	Krém
Miroir	Zrcadlo
Parfum	Parfém
Robinet	Kohoutek
Savon	Mýdlo
Serviette	Ručník
Shampooing	Šampon
Tapis	Koberec
Toilette	Wc
Vapeur	Pára

Science
Věda

Atome	Atom
Chimique	Chemický
Climat	Klima
Données	Data
Expérience	Experiment
Évolution	Vývoj
Fait	Skutečnost
Fossile	Fosilie
Gravité	Gravitace
Hypothèse	Hypotéza
Laboratoire	Laboratoř
Méthode	Metoda
Minéraux	Minerály
Molécules	Molekuly
Nature	Příroda
Observation	Pozorování
Organisme	Organismus
Particules	Částice
Physique	Fyzika
Scientifique	Vědec

Science-Fiction
Science Fiction

Atomique	Atomový
Cinéma	Kino
Explosion	Výbuch
Extrême	Extrémní
Fantastique	Fantastický
Feu	Oheň
Futuriste	Futuristický
Galaxie	Galaxie
Illusion	Iluze
Imaginaire	Imaginární
Livres	Knihy
Monde	Svět
Mystérieux	Tajemný
Oracle	Věštec
Planète	Planeta
Réaliste	Realistický
Robots	Roboty
Scénario	Scénář
Technologie	Technologie
Utopie	Utopie

Sports
Sportovní

Arbitre	Rozhodčí
Athlète	Sportovec
Base-Ball	Baseball
Basket-Ball	Basketbal
Championnat	Mistrovství
Entraîneur	Trenér
Équipe	Tým
Gagnant	Vítěz
Golf	Golf
Gymnase	Tělocvična
Gymnastique	Gymnastika
Hockey	Hokej
Jeu	Hra
Joueur	Hráč
Mouvement	Hnutí
Nager	Plavat
Stade	Stadión
Tennis	Tenis
Vélo	Jízdní Kolo

Surf
Surfování

Amusement	Zábava
Athlète	Sportovec
Champion	Šampión
Débutant	Začátečník
Estomac	Žaludek
Extrême	Extrémní
Force	Síla
Foules	Davy
Météo	Počasí
Mousse	Pěna
Nager	Plavat
Océan	Oceán
Pagaie	Pádlo
Plage	Pláž
Populaire	Populární
Récif	Útes
Style	Styl
Vague	Vlna
Vitesse	Rychlost

Technologie
Technologie

Blog	Blog
Caméra	Fotoaparát
Curseur	Kurzor
Données	Data
Écran	Obrazovka
Fichier	Soubor
Internet	Internet
Logiciel	Software
Message	Zpráva
Navigateur	Prohlížeč
Numérique	Digitální
Octets	Bajt
Ordinateur	Počítač
Police	Písmo
Recherche	Výzkum
Sécurité	Bezpečnostní
Statistiques	Statistika
Virtuel	Virtuální
Virus	Virus

Temps
Čas

Année	Rok
Annuel	Roční
Après	Po
Avant	Před
Bientôt	Brzy
Calendrier	Kalendář
Décennie	Desetiletí
Futur	Budoucnost
Heure	Hodina
Hier	Včera
Horloge	Hodiny
Jour	Den
Maintenant	Teď
Matin	Ráno
Midi	Poledne
Minute	Minuta
Mois	Měsíc
Nuit	Noc
Semaine	Týden
Siècle	Století

Types de Cheveux
Typy Vlasů

Argent	Stříbro
Blanc	Bílý
Blond	Blond
Boucles	Kadeř
Brillant	Lesklý
Chauve	Plešatý
Coloré	Barevný
Court	Krátký
Doux	Měkký
Épais	Tlustý
Frisé	Kudrnatý
Gris	Šedá
Long	Dlouhý
Marron	Hnědý
Mince	Tenký
Noir	Černá
Ondulé	Vlnitý
Sain	Zdravý
Sec	Suchý
Tressé	Pletené

Vacances #2
Dovolená #2

Aéroport	Letiště
Camping	Kempování
Carte	Mapa
Destination	Destinace
Étranger	Cizinec
Hôtel	Hotel
Île	Ostrov
Loisir	Volný Čas
Mer	Moře
Passeport	Cestovní Pas
Plage	Pláž
Restaurant	Restaurace
Réservations	Rezervace
Taxi	Taxi
Tente	Stan
Train	Vlak
Transport	Doprava
Vacances	Dovolená
Visa	Vízum
Voyage	Cesta

Vertus #1
Ctnosti #1

Artistique	Umělecký
Bon	Dobré
Charmant	Okouzlující
Curieux	Zvědavý
Décisif	Rozhodující
Drôle	Legrační
Efficace	Účinný
Fiable	Spolehlivý
Généreux	Štědrý
Imaginatif	Nápaditý
Indépendant	Nezávislý
Intelligent	Inteligentní
Modeste	Skromný
Passionné	Vášnivý
Patient	Pacient
Pratique	Praktický
Propre	Čistý
Sage	Moudrý
Utile	Ochotný

Véhicules
Životnost

Ambulance	Sanitka
Avion	Letadlo
Bateau	Loď
Bus	Autobus
Camion	Nákladák
Caravane	Karavana
Ferry	Trajekt
Fusée	Raketa
Hélicoptère	Vrtulník
Métro	Metro
Moteur	Motor
Pneus	Pneumatiky
Radeau	Vor
Scooter	Koloběžka
Sous-Marin	Ponorka
Taxi	Taxi
Tracteur	Traktor
Train	Vlak
Vélo	Jízdní Kolo
Voiture	Auto

Vêtements
Oblečení

Bracelet	Náramek
Ceinture	Pás
Chapeau	Klobouk
Chaussure	Bota
Chemise	Košile
Chemisier	Halenka
Collier	Náhrdelník
Foulard	Šátek
Gants	Rukavice
Jeans	Džíny
Jupe	Sukně
Manteau	Kabát
Mode	Móda
Pantalon	Kalhoty
Pull	Svetr
Pyjama	Pyžamo
Robe	Šaty
Sandales	Sandály
Tablier	Zástěra
Veste	Bunda

Ville
Městské

Aéroport	Letiště
Banque	Banka
Bibliothèque	Knihovna
Boulangerie	Pekárna
Cinéma	Kino
Clinique	Klinika
École	Škola
Fleuriste	Květinář
Galerie	Galerie
Hôtel	Hotel
Librairie	Knihkupectví
Marché	Trh
Musée	Muzeum
Pharmacie	Lékárna
Restaurant	Restaurace
Stade	Stadión
Supermarché	Supermarket
Théâtre	Divadlo
Université	Univerzita
Zoo	Zoo

Félicitations

Vous avez réussi !

Nous espérons que vous avez apprécié ce livre autant que nous avons pris plaisir à le concevoir. Nous faisons de notre mieux pour créer des livres de la meilleure qualité possible.
Cette édition est conçue pour permettre un apprentissage intelligent et de qualité en se divertissant !

Vous avez aimé ce livre ?

Une Simple Demande

Nos livres existent grâce aux avis que vous publiez. Pourriez-vous nous aider en laissant un avis maintenant ?

Voici un lien rapide qui vous mènera à votre page d'évaluation de vos commandes :

BestBooksActivity.com/Avis50

CHALLENGE FINAL !

Défi n°1

Êtes-vous prêt pour votre jeu bonus ? Nous les utilisons tout le temps mais ils ne sont pas si faciles à trouver. Voici les **Synonymes** !

Notez 5 mots que vous avez trouvés dans les puzzles notés ci-dessous (n°21, n°36, n°76) et essayez de trouver 2 synonymes pour chaque mot.

Notez 5 Mots du **Puzzle 21**

Mots	Synonyme 1	Synonyme 2

Notez 5 Mots du **Puzzle 36**

Mots	Synonyme 1	Synonyme 2

Notez 5 Mots du **Puzzle 76**

Mots	Synonyme 1	Synonyme 2

Défi n°2

Maintenant que vous vous êtes échauffé, notez 5 mots que vous avez découverts dans les Puzzles n° 9, n° 17, n° 25 et essayez de trouver 2 antonymes pour chaque mot. Combien pouvez-vous en trouver en 20 minutes ?

Notez 5 Mots du **Puzzle 9**

Mots	Antonyme 1	Antonyme 2

Notez 5 Mots du **Puzzle 17**

Mots	Antonyme 1	Antonyme 2

Notez 5 Mots du **Puzzle 25**

Mots	Antonyme 1	Antonyme 2

Défi n°3

Formidable ! Ce défi final n'est rien pour vous.

Prêt pour le dernier défi ? Choisissez 10 mots que vous avez découverts parmi les différents puzzles et notez-les ci-dessous.

1.	6.
2.	7.
3.	8.
4.	9.
5.	10.

Maintenant, composez un texte en pensant à une personne, un animal ou un lieu que vous aimez !

Astuce: Vous pouvez utiliser la dernière page de ce livre comme brouillon !

Votre Composition :

CARNET DE NOTES :

À TRÈS BIENTÔT !

Toute l'équipe

DECOUVREZ DES JEUX GRATUITS

GO

↓

BESTACTIVITYBOOKS.COM/FREEGAMES